今、求められる真のグローバルリーダー

ポスト・新型コロナウイルス時代の改革者になろう！

元国連人口基金事務局次長
元関西学院大学客員教授
和氣邦夫
WAKI Kunio

文芸社

まえがき

私たちは先の見えない難しい時代に生きています。新型コロナウイルスは世界中で蔓延し多くの人の命を奪っています。ウイルスの蔓延は日本人に生命への脅威と経済的損害をもたらし、多くの市民にとって耐えがたい、経済的、精神的負担と悲劇を生んでしまいました。この本が出版されるころにはなんとか人類がこの危機を乗り越える希望が持てることを願って、この本を書いています。

人類は長い間ウイルスと戦ってきました。予防注射や薬でなんとか対応してきましたが、今回の新型コロナウイルスへの準備を怠ったせいか思わぬ大きな被害に遭ってしまいました。これからも新しいウイルスや細菌が世界のどこかで発生し、人類の戦いは続きますが、いつの日かこの戦いに人類が破れることもある可能性も頭に入れて、謙虚に常時準備をしておかなくてはなりません。

日本政府の対応も感染を防ぎ、貧困層の家庭を救うにはあまりにもお粗末でした。人が動けば細菌やウイルスも動きます。遅まきながら外国人の日本への入国を制限しても、その前に多くの外国人がウイルスと一緒に来ていました。ヨーロッパやアメリカに旅行した日本人もウイルスを持ち帰り、国内での感染者が増えました。新型コロナウイルスのPCR検査にも消極的でもたもたしていたため、政策決定者は日本人の感染者の全体像を掴んでいませんでした。横浜に停泊したクルーズ船を新型コロナウイルス培養器にしてしまい、乗客や乗務員から多くの感染者を出してしまったのは、日本政府の対応の不手際や能力不足を世界に知らせることになりました。

多くの民間検査会社を動員して、日本の医師がおかしいと思った患者にすぐにウイルス検査ができる体制をつくることが急務でした。また中国、韓国、台湾、香港、それにWHOとも密接に情報交換をし、協力し合って世界中がパンデミックにならないようにする義務が日本政府にもありました。いつものように後手後手になってしまう日本政府の対応では、多くの高齢者に死者が出ても不思議はありませんでした。

ウイルスの侵入を防ぐため、各国は国境を封鎖し、外国人を締め出して内向きの政策をとるようになりました。しかし世界のどこかでウイルスが蔓延している状態では、必ずそのウイルスに突然変異が起こるため、入国を止めることは不可能です。また独裁的な政治を行っている国の指導者の中には、この機会を利用して政府の権限を拡大して国民の自由を剥奪する人が出てきました。貿易が制限され、資金の流れが滞って、今までに築き上げた相互に助け合いながら比較優位になる産業を育てて協力してきた貿易・投資体制が崩れています。結局市民は少ない品物を高い値段で買わされ、不況でありながら物価が上がっていく、いわゆるスタグフレーション（stagflation）が起こり、市民は収入が落ちて物価が上がるという厳しい状況に直面しています。

グローバル化は、多くの貧しい人に雇用の機会をもたらし世界の経済成長にも貢献しましたが、その反面、貧富の差がますます大きくなり、金融資本を握る少数の資本家によって世界経済が動くような状況になってしまいました。また観光や仕事で多くの人が国境を越えて移動することによってウイルスを世界中にばら撒き、新型コロナウイルスが人類の生活に大きな影響を及ぼすことになったのです。

感染を防ぐために人々の関係は薄れ、人間がますます孤独になっていきました。特に一人住まいの高齢者は社会とのつながりが限定され、支援を受けられず寂しく家で亡くなるケースも多くなりました。social distance（ソーシャルディスタンス）という言葉で、感染症の専門家たちは、感染拡大を防ぐために他人と距離を置いて生活することを啓蒙しました。それは人間にとって社会的にも精神的にも、多くの問題を残す結果になりました。ポスト・コロナの世界がどんなものになるか今書いている時点では分かりませんが、大きな変化が起こることは想像に難くありません。また新たな時代を安全なものにするためには、新しい指導者が必要になります。社会改革と国際協力なしには人類の生存は不可能です。この本は、若い世代の日本人が、新グローバルリーダーとして世界に貢献するのを期待しながら書いています。

ウイルスの脅威だけでなく、世界はいろいろな安全保障の問題を抱えています。中東やアジアでは紛争が続いていて、いつ思わぬ深刻な軍事衝突が起きるか分からなくなっています。また米中の貿易紛争は世界の経済に悪影響をもたらし、問題の解決は長期化しています。日韓の諸問題も当分両国の懸案事項として残りそうです。ビッグデータ、5G、AI、ブロック・チェーン、それに自然科学や技術の急激な進歩が、日々の生活にもすぐに影響を及ぼしています。

またグローバル化により多くの人々が恩恵を受け、長期的に見ると世界の人々の生活は豊かになりましたが、同時に格差が広がり多くの市民が最低限の収入で生きています。ほんの一部の人たちが膨大な富を蓄積し、資本主義に対する疑念を持つ若者が世界的に多くなっています。経済成長のために自然破壊が進み地球温暖化が取り返しのつかない事態を生み出し、自然災害や森林火災が世界各地で見られます。そういった社会と経済のひずみがポピュリズムや孤立主義の土壌を醸成し、トランプ政権やブレクジット（イギリスが欧州連合から脱退する運動）を生むことになりました。トランプ大統領の影響もあり、世界では独裁的な指導者が幅を利かせ、政治家が嘘をついたりするのを容認するような風潮が見られます。日本も例外ではありません。ナショナリズムが行きすぎて国家間の対立が深まり、軍事紛争が起こる可能性も世界各地で増大しています。

みなさんは、このような不確実な世界でどう生きたら良いか考えていることと思います。二一世紀を幸福に生きる知恵は若い世代が見つけてくれると思ってます。日本にいても海外に出ても、情報、人、物、お金の流れは国境を越えて高速で動いて、みなさんの生活に直接影響を及ぼします。これは新型コロナウイルスの蔓延の経験があっても変わることはないと思います。日本が孤立して生きることは難しくなっていて、みなさんは何らかの形で外国市場、技術、情報や外国人と関わり合って生きていくことになります。海外で働く日本人も多くなるでしょう。人口が減少する日本では、長期的には外国とのつながりが国民の生活を豊かにする原動力になると思います。また外国からの労働者をもっと受け入れなければ日本の社会や経済が衰退するでしょう。みなさんには仕事に満足感を覚え、社会的にも貢献しながら幸福な生活をしてもらいたいと思っています。そんなみなさんが国際社会やグローバル化した日本で、リーダーとしても活躍してほしいと願っています。

歪みが明らかになってもグローバル化は勢いよく進んでいます。アメリカ・ファーストのような自国中心の政策は各国で見られますが、それでも自国の繁栄のためには各国と協力して貿易を促進し、外国の技術や資金を導入して、より良い経済と社会を構築する必要にも迫られています。中国、ロシア、北朝鮮、イランのように政府が経済に深く介入し、独裁的政治組織で一部の人たちが権力を握っている国はいまだ少なくはありませんが、孤立して軍事力で国益を守ろうとしても、各国から制裁を受けて国民の生活と福祉は向上しません。そのような体制の中で自由を制限されている北朝鮮やイランの貧しい市民は、苦しい日常生活を強いられています。

私は三六年間、ユニセフ、国連開発計画（ＵＮＤＰ）、国連人口基金（ＵＮＦＰＡ）などの国連機関で勤務し、苦労はありましたが充実した人生を送ってきました。国連を定年で辞める時は満足感のある良い人生だったと思えることを目標に生きてきましたが、それを達成できたと思っています。退官後は社会貢献の一環として関西学院大学総合政策学部で客員教授として教えました。これからの若者にとって大切なグローバル化した社会で働くためのリーダーシップ、マネージメント、コミュニケーションについて教えたり自分で勉強したりしました。

また今話題になっているＳＤＧｓ（Sustainable Development Goals, 持続可能な開発目標）やその前身のＭＤＧｓ（Millennium Development Goals, ミレニアム開発目標）について、国連開発機関で長い間働いてきた経験に基づいて具体的な例を挙げながら授業をしました。私と一緒に勉強した卒業生たちは今開発コンサルティング会社、ジャイカ（国際協力機構）、外資系の投資会社、ＩＴ企業、その他の私企業、大学や研究所などで活躍しています。

今、私が大変心配しているのは、国連のような国際機関でリーダーシップをとって活躍している日本人が大変少ないということです。また日本人国連職員の数も経済大国にふさわしくないレベルで停滞しています。

外務大臣の強い方針から外務省は、国連職員数の増強に大変努力をしています。やるべきことは全てやっている印象で、おかげで日本人職員数は少し増えてはいます。しかし二年の契約でその後のキャリアに不安を持っている人も多いようで、日本人の国連職員数は世界三位の経済大国としてふさわしくないレベルです。

国際公務員として長い間働くことができれば大変良い職場だと思っていますが、残念なことに優秀な日本人がなかなか国際機関のポストに応募してくれないようです。二〇一七年一二月現在で日本は国連事務局の予算の一〇パーセント近くを分担金として支払っています。それに反し日本人数は七五人で四・四パーセントにとどまっています。

現在日本の商社や投資会社などの給与が大変よく、優秀な日本人は国連で働くことに魅力を感じていないように思えます。日本の企業で安定した仕事があり、家族にとっても負担にならない生活を求めるのは自然なことと思われます。しかし理想を持って三六年間国連機関で働いた私にとっては大変寂しく思います。

この本でみなさんに伝えたいのは、このように混沌とした世界であるがゆえに高い倫理観を持って、人間の尊厳を守ることのできる能力のある日本人が、世界で指導者として活躍し、より良い社会をつくることに貢献してほしいということです。そして日本国民や世界の貧しい家庭の福祉や幸福が向上するように、新しいグローバル社会の構築を支援してもらいたいと思っています。そんな期待から私が国連開発機関のリーダーとしてやってきたこと、先輩や同僚たちから学んだこと、考えたことをみなさんと共有したいと思います。そして、参考にしていただきたいと思っています。

現在活躍している若い世代の国連職員の生き方や知恵を知るために、私はニューヨークやバンコクにインタビューに行きました。魅力的な若い国連職員が生き生きと指導力を発揮している姿を見てきました。そんな人たちのことも紹介して、みなさんのキャリア設計の参考にしてもらいたいと思います。

変わりゆくグローバル社会でリーダーシップをとるとはどういうことか、どんな人たちがリーダーとして選ばれ成功しているのかなどを考えてみなさんの参考にしていただき、世界各地で活躍してもらいたいと思います。

二〇一九年八月に横浜で開催された第七回アフリカ開発会議の国連人口基金主催のサイドイベントに参加しました。国連を退官してからもう一二年以上経ちますが、国連人口基金の事務局長が私を会議場で国連人口基金チームに入れてくれて、昼休みには会議に参加していた国連人口基金スタッフにリーダーシップについて話すように頼まれました。一二年経った今でも、私が組織に残してきたレガシーが生きていて、私の名前が組織の記憶に残っていたのを知り、大変嬉しく思いました。すでに隠居している私を大切にしてくれる国連人口基金とそのトップリーダーに感謝するとともに、良い国連組織で働き、大変満足できるプロフェッショナル人生だったことを再確認しました。

私の生き方、価値観、哲学、そしてどうやって世界各地で異文化の社会や文化を楽しみながら仕事をしてきたか、またどんなことを考え、どんな勉強をしながら国際社会で指導的な立場で仕事ができるようになったか、そんな生き様や考えは間違っていなかったことが感じられ、幸福感に満たされました。

ニューヨークとバンコクの取材旅行では、現役の国連の職員や日本政府の国連ミッションや大使館の国連関係者にインタビューをしました。世界各国から来て現在国連で活躍している人たちがどのように育ち、どんな教育を受け、またどんな哲学や理念を持って現在何に留意をして働いているのかについてお話を聞いてきました。

私もユニセフ、国連開発計画と国連人口基金に勤務し、各国からの魅力ある国連職員たちと働いてきました。また関西学院大学総合政策学部で教えている間、成功している私企業がグローバル化にどう対応し、どんな人材を育てようとしているかについての勉強もしてきました。そんなことから私の情報と知識を集約して、これから世界に羽ばたいて国際機関や多国間企業、また国際的な日本企業でリーダーになる日本人に参考にしてもらいたいと思っています。

今の日本の政治や行政に足りないのは有能なリーダーだと思います。エリートであるはずの高級官僚の中にも、倫理観のない政治家にへつらって忖度しているうちに、国民を欺いている人が多くいます。そんなことをして退官する時、自分の人生は良かったと思えるのでしょうか。少しでも意識と信念のある人であるなら、不幸な老後を寂しく生きることになるのではないでしょうか。一時の社会的地位や金銭的に有利な立場だけで人間は幸福になれるとは思えません。

良きリーダーがいないことは日本にとって大変不幸なことだと思います。これからだめな組織はどんどんつぶれていくことになります。新型コロナウイルスはその速度を速めて行くでしょう。また良い指導者がいないことが日本の凋落にもつながっていくと思います。これからは子どもの育て方、教育システム、組織の文化、指導者の世代交代などの分野で急速に改革を進めなくてはなりません。この本をそういう行動を起こしている人々にも、参考にしてもらいたいと願っています。

リーダーの最も重要な役割は、移りゆく時代や組織を取り巻く環境の変化をいち早く読み取り先を見越して組織を改革し、新しい人材を育成、確保していくことだと思います。それができない指導者が居座って変化しない組織は淘汰されていきます。日本にはそんな古い組織が多くある気がします。

既得権になんとかしがみついて高給をもらっている人は多いのですが、これからは社会が許さなくなるでしょう。私企業の場合は結果が出せなくては倒産につながります。株主はマネージメントを批判し、資金も流れなくなります。株の価値も下がり、組織の資産も減少します。政治や行政ではスキャンダルを起こせばマスメディアや国民は黙っていないでしょう。次の選挙で選ばれなくなります。

国連人口基金ニューヨーク本部の私のオフィスで

国際的なスタンダードと透明性をもち、法を遵守し、社会、国民、社員、株主などに対して責任を持って行動できることがどの組織の指導者にも要請されています。国際機関の指導者も、日本の指導者も同じ社会的責任を負わされていることを認識してもらいたいと思っています。

名称一覧

本書では、各国際機関の名称が出てきます。文中でどの機関かわからなくなりましたら、ぜひ、こちらのページをご覧ください。

世界保健機関（ＷＨＯ）
国連人口基金（ＵＮＦＰＡ）
国連開発計画（ＵＮＤＰ）
国連難民高等弁務官事務所（ＵＮＨＣＲ）
国連世界食糧計画（ＷＦＰ）
ユネスコ（ＵＮＥＳＣＯ）国連教育科学文化機関
国連世界食糧農業機関（ＦＡＯ）
国連開発グループ事務所（United Nations Development Group Office, UNDG Office）
ユニセフ（ＵＮＩＣＥＦ）国連児童基金　United Nations Children's Fund

国際人口開発会議（ＩＣＰＤ）International Conference on Population and Development

目次

第一章　これからの世界はどうなっていくのでしょうか

みなさんが働く環境はどう変わっていくのでしょうか。これからの世界がどうなっていくのかは分からないというのが正確な答えだと思いますが、現在少しだけ見えてきていることがあります。まず新型コロナウイルスが人間の価値観を変え世界の経済や社会に大きな影響を与えたということです。中国が初期に問題を起こすきっかけをつくり、アメリカが多くの感染者を出して二大国がもはや世界の指導国としての信用を失いました。今はリーダーなき世界になって、多くの国が協力して新しい世界の国際関係や経済のシステムづくりをする時代になりました。いつもは存在感の薄い日本ですが世界第三の経済大国として積極的に政策を提言してリーダーシップをとらなくてはならない時代に入りました。一〇〇年に一度の時代の変化に国際的にも対応できる日本人のリーダーの出現が期待されています。

科学技術の進歩にも拘らず新型コロナルスの出現に準備できている国はほんの少しでし

た。台湾の対応は素早くＰＣＲ検査能力もありました。情報をすぐに公開し市民の信頼を得て動員する、指導者の能力の高さは世界的に評価されました。またＩＴの技術を応用する能力には素晴らしいものがありました。韓国は感染者を増やしてしまいましたが、ＰＣＲ検査に対する準備があり感染者の把握は迅速に行われました。日本はクラスターを追跡することによって初期に効果を上げましたが蔓延して手のつけられない状態になりました。日本政府の戦略はＰＣＲ検査能力の不足と医療の供給の面の心配から後手後手に回り、ついに感染の拡大を許す結果になりました。いつものように日本の指導者は判断の誤りと遅すぎた国民への緊急事態宣言に対して、誰も責任を取らないでいます。

新型コロナウイルスによってもたらされた深刻な不況は、簡単には回復できないでいます。各国では国債や社債の発行でその場しのぎをしましたが、負債が増え信用が落ち、より多くの予算が利子の支払いに回りました。この危機で人々の精神状態が変わり、将来の不安から消費が落ちて経済成長がすっかり鈍ってしまいました。リスクのある起業は少なくなり、若者は安全な公務員を就職先に求めるようになっています。

政府はもう適当な金融、財政政策を打ち出す手立てがなくなってしまい、景気後退から起き上がるのに苦戦を強いられています。失業率も下がらないで、低所得者の家族は最悪の生活を強いられています。

5G、AI、ビッグデータなどのIT技術革新のおかげで生活は便利になる予感はありますが、反面単純作業はロボットに置き換わられ、人間がやってきた事務的な作業がコンピューターに取って代わるという不安に駆られています。コンピューターの計算能力やデータ分析能力は人間の能力をはるかに超え、失業する労働者や事務員の数が増え、雇用問題が深刻化しています。今まで高収入を得てきた医師や弁護士の仕事もコンピューターでAIが病気の原因を分析し判断し、法令や過去の判例を分析し弁護の方法を示唆してくれることになります。そのためのソフトを開発できる人、新しいアイデアを出し改革のできる人、美的センスがある人、人間の本性をよく理解できる人などコンピューターができないことをやれる人材の需要は伸びることになります。

すでにAIの専門家、特にワイズ・シティー（次世代郊外の街づくり）。AIを利用し環境と人間に優しい街を作る試みが始まっています）の計画・設計、無人自動車や無人電車が安全に運行できるための、高度なソフトの開発ができる人が求められています。日本ではIT関連のエンジニアの不足が心配されて外国からの人材が必要になっています。日本はこの分野で出遅れているのに外国からのタレント（才能ある人）に十分な報酬を準備していないので、アメリカやヨーロッパ諸国に専門家を取られています。日本社会や企業が大きく国際化しないと、ますます世界での競争に負けてしまいます。

そういった科学技術の変化に伴って、社会に貢献できる人材の質も大きく変わってきます。人間だけにできることは何か、どんな能力が人間生活をより豊かにすることに貢献できるかなどに、思いがいくことになります。自然科学だけでなく、社会科学や人文学の貢献がますます重要になると思います。これが教育の内容に変化をもたらすことは言うまでもありません。

もうすでに文部科学省は教育改革に手をつけています。小学校から自分で考え、自分で探求し、自分の意見を持ち、それを表現し、独創的なアイデアを出せるような人間を育てようとしています。コンピューターのプログラミングの授業も小学校で始まっています。グローバル化に対応して文科省はスーパー・グローバル・ハイスクールやワールド・ワイド・ラーニングのような事業を始め、高等学校にグローバル化に対応した教育活動の導入を支援しています。その結果は長い目で見ないと分かりませんが、徐々に日本の社会が変化し、教育の質が変わらなくてはならないという認識だけはあるようです。

しかし心配なのは英語教育に注意を払いすぎて、どのような包括的な教育が幼稚園から大学院まで必要かのビジョンがはっきりしていないことです。日本では新しい時代の要求に沿った社会と経済の改革の速度が遅く、すでにアメリカ、中国、シンガポールなどにだいぶ後れを取ってしまっている印象です。この分野でも国際経験と先見の明がある賢明なリーダーが求められています。

大きな心配ごとが出てきました。情報技術を支配しているＧＡＦＡ（Google, Apple, Facebook, Amazon）と呼ばれる大きな私企業が個人や組織のデータを独占的に持ち、そのデータを駆使して人間社会を支配する可能性が広く理解されるようになったことです。ＧＡＦＡの時価総額はドイツの国民総生産と同じ額になり、巨大な力で世界の情報、技術、資金、物資の流れを支配し始めました。行き着くところは監視経済、評価経済で個人のプライバシーや自由が失われることになりかねません。

またサイバーセキュリティーの分野で後れを取った日本は、北朝鮮、中国やロシアのハッカーたちに技術や安全保障に関連した情報を盗まれ、最悪の場合は敵意を持った人たちに日本の電力、水道、交通などのシステムを止められ、私たちの生活が脅かされてしまることにもなりかねません。原子力発電所のコンピューターシステムに侵入されたりすると、国民の命も危険にさらされることになります。私たちの生活と安全を守るためには、能力のあるサイバーセキュリティーのエンジニアを多く育てる必要があります。

日本で静かに起こっている重要な変化には、人口の減少、高齢化と少子化があります。推計によると二〇五〇年ごろには日本の総人口が一億人を割る可能性があります（国立社会保障・人口問題研究所　日本の将来推計人口）。高齢化により社会保障費は膨らみ、若い人たちに税金や介護の大きな負担がいっそうかかります。結果として、若者や年金生活者の中には自由を求めて海外に出てしまう人が多くなるかもしれません。

地方再生の努力はなされていますが、地方における雇用の創出がうまくいかないと、若者が東京や大阪のような大都市に流れる傾向に歯止めをかけることはできないでしょう。また人口が減少することにより消費者が少なくなり、国内で生産される商品のマーケットがますます狭くなります。企業が拡大するためには今までのように国内市場ばかりに頼ってはいられなくなり、海外の市場を開拓し、海外での生産を拡大しなくてはならない企業も多くなると思われます。

グローバル化は国内でも急速に進むことになるでしょう。多くの外国人労働者が日本で働き、社会や経済の環境に大きな変化をもたらすでしょう。人口の減少は安全保障の分野でも深刻です。国防の要にある自衛隊では隊員の数の不足が深刻になっています。徴兵制がないので若者たちに自発的に自衛隊に入隊してもらわなくてはなりません。防衛兵器はますます技術的に進歩しているので、より訓練され専門的な知識のある人材が必要です。東アジアの安全保障問題がますます深刻になる時に、人材不足で日本の防衛能力を向上できない危険があり自衛隊関係者は心配しています。

もうかなりはっきり見られる現象として、アジア諸国から期間限定の労働者が続々と日本に入ってきています。この社会の大きな変化が日本経済を活性化するのは間違いがありません。IT関係の専門家がインド、東欧諸国などから、介護、保育、清掃のなどの分野では多くのアジアの女性たちが来て、日本の産業や国民の福祉を支えてくれています。しかし島国で長い間孤立していた我が国では、異人種、異文化との共生には慣れていないため、差別や人権の侵害がみられます。世界でdiversity（多様性）が重要視されています。日本のこれからの革新、新発明、生産性の向上に多様性が貢献すると考えられていることから日本の社会が国連で同意された人権尊重のグローバル・スタンダードを取り入れ、多様性を評価する社会をつくり上げていかなくてはなりません。

学校教育だけでなく社会教育活動を通じて多様性と人権を尊重する意識改革を政府やマスコミの力を借りてやっていく必要があります。ラグビーワールドカップの日本代表が多国籍のチームを構成して活躍したのに感動した日本国民は、それをお手本にして多様性を尊重し“one team”で創造的に働ける社会環境を早くつくる必要性を、認識してほしいと思います。

戦後、経済成長は達成したものの社会的な流動性がなくなり、階級社会が形成されているのを強く感じます。戦後の物のない時代にはみんなで貧しさを共有し、私たちは公立の小学校から高校まで通いました。能力のある友人たちは家庭の経済状態に拘らず国立の大学などに進学し、社会的にも恵まれた仕事をしていました。都立高校や国立大学の授業料は当時安かったと思います。

それが今は、恵まれた家庭の子どもは私立の学校に通い、塾にも通わせてもらって有名大学に進んでいます。貧しい家庭の子どもは教育の機会も差別されて、社会的に上の階級に上がるのが難しくなったという印象です。

このように階級制度がはっきりしてきたことは、日本にとって悲劇をもたらすと思います。能力のある人が社会で優遇されない社会は停滞します。既得権を得た上流社会の人たちは社会変革には興味がなく、既存の制度を保守するために全力を尽くし、若者の起業家精神を挫き企業の革新を阻害することになります。そして生産行為ではなく、金融資本を動かして暴利を貪ることになります。こうして停滞すると日本は没落の道を歩むことになるでしょう。


都市化は世界的に急速に進んでいます。先進国では人口の七〇パーセントが都市に住み、新しい雇用の機会は都市部に集中し、そして経済成長も都心部が担っています。日本も人口の集中が東京や大阪とその周辺に見られ、それを止めることができないでいる現状があります。若い人たちは職を求めて大都市に流れています。このような人口と経済の関係は社会的にも文化的にも、格差と断絶を引き起こす可能性があります。

新型コロナウイルスが東京で蔓延していること、またテレワークが普及して自宅で仕事ができるようになると、地方でより大きな家に住んで子育ても自然環境の中で余裕を持ってできることになり、地方に移住する人も多くなると思います。そして地方で小さな規模で起業する人も出てくると思います。地方分権の傾向も進みそうです。今後の人口動向に注視したいと思います。

アメリカで今起こっている政治現象は、経済活動が都市部に集中していることを反映しているように思えます。今までアメリカ各地で労働者や農民として安定した職もあり、生活水準も比較的高い中産階級の生活を享受していた白人たちの優位な立場が危うくなり、不安になってトランプ政権を支えているのです。

都市化の波は止まることを知らない勢いで進んでいます。日本では地方創生の努力がなされ、税金もそれに投入されていますが、私企業と若者に地方で働いてもらわないとはっきりした効果は見られません。東北の復興にも多大な資金がつぎ込まれましたが、無駄な公共投資や住宅投資が行われ、本当に困っている人々のためになっていない事業も多い気がします。

日本を取り巻く環境を見ると、東アジアにおける安全保障環境に大きな変化が出てきました。アメリカの経済力、軍事力、それに科学技術力の低下に対して、中国の国力の増大が我が国の安全保障環境を大きく変えつつあります。日本の防衛予算は少し増えてはいますが、アメリカや中国それに北朝鮮の軍事技術の進歩についていくことがますます難しくなります。

今まで圧倒的に強力だったアメリカに頼っていましたが、アメリカの日本の安全保障への貢献は減少することになるでしょう。日本の防衛のためにアメリカの兵士を犠牲にするのはアメリカ市民、議会、大統領が簡単には許さないと思います。アメリカ政府が東アジアにおけるアメリカの国益をどう見るか、中国、ロシア、北朝鮮の軍事力にどう対応しようとしているのかにも変化が現れてくると思います。

中国も国内の共産党独裁体制が保持されている限りは、東シナ海や南シナ海での覇権を主張し続けることになりそうです。アメリカが台湾の安全保障をどこまで引き受けるかも気になるところです。最近の香港における中国の動きは国際条約を無視し、一国一制度を押し付けています。中国は長期的には軍事的に台湾奪回を着実に計画しているはずです。今香港で起こっている若者の運動は台湾だけでなく、中国の少数民族や近隣諸国にとっても影響があります。

そのような背景の中で日本の外交はどうあるべきか、東アジアの安全保障にどう貢献すべきか、しっかり長期戦略を考え、それをアジア各国に説明しなくてはなりません。今までのようなアメリカ追随とその場しのぎの対応では、日本の国益は守れないと思います。また東アジアでリーダーシップをとりアジアの安全保障に貢献することもできません。

韓国と日本の関係が大変悪化しています。両国とも頑なに政権の立場を主張し、簡単には妥協はしない姿勢をとっているので、国内の政治的・経済的な状況が大きく変わらない限り、両国の関係改善はありそうもありません。韓国の左翼思想の政府は北朝鮮との統一を夢見て、中国や北朝鮮との経済的な関係を重要視し、日本やアメリカとの外交はないがしろにしてもいいと思っている印象です。反日の旗を掲げて大統領選挙に当選した文大統領は自分の人気が落ち、自分の政権が大統領選や議会の選挙に負けることがはっきり見えてこないと、自分の政治信念や考え方を変えることはなさそうです。新型コロナウイルスへの対応が成功し、人気を維持することにある程度成功していますが、経済が疲弊し失業者が多くなって政権も難しい立場に追い込まれています。

そのような状況の中で日本はどのように韓国との関係を考え、日本の国益が損なわれることのないように外交をしていくかは難しい挑戦になります。日本人は現代史をもっと勉強し、歴史的事実をはっきり認め、アジア諸国の人々の考えと感情を理解する努力をしなくてなりません。韓国人の持っている怨念のような気持ちはすぐには癒やされることはないと思いますが、我々は理解しようとする気持ちを失ってはならないと思います。相手の身になって考えることにより妥協点が見つかり、問題の解決につながるものと思います。

韓国は南北統一を夢見て北朝鮮にすり寄っていましたが、米韓の軍事演習や韓国における兵器の増強により北朝鮮との関係が悪化しています。朝鮮民族の統一への悲願は理解できますが、米、中の思惑もあり、とてもすぐには実現しそうにありません。

文政権はイデオロギーと歴史観から反日を掲げて市民の支援を得るのに成功してきましたが、日本の輸出規制などで難しい外交・経済問題を抱えることになりました。

日本は韓国、北朝鮮、中国、ロシア、アメリカ、そして力が弱くなったヨーロッパとどう付き合ってお互いの繁栄につなげていくか、難問を抱えています。今までのような消極的な対応では日本の国益を守ることはできません。

日本が東アジアの安全保障のために役割を果たすことが期待されていますが、そのためにはまず良き外交政策のリーダーが必要です。ビジョンも長期戦略もなく短期的な対応ばかりしていたのでは、他の国は日本が何をしようとしているかも分からず、日本のリーダーシップを認めることはないでしょう。

現在、イランを取り巻く環境が悪化しています。アメリカとイランの紛争はこれからも続きます。イラク、湾岸諸国、シリア、レバノンやガザでもイランから支援を受けている反米グループが局地的攻撃を続けていくでしょう。イランは核開発を進め、アメリカの中近東での影響力は弱まるでしょう。中東の石油に頼らなくてもいいアメリカは、以前のような力を発揮しなくても国益は守れると思っているでしょう。

それに比べ、石油の八〇パーセント以上を中東に頼っている日本は、安全な石油や天然ガスの運送を確保する必要があります。米、イランとの友好関係は保ちつつ日本の国益と国民の生活や経済を守るために、もっと積極的な外交政策と安全保障政策を打ち出し、海上自衛隊の役割と仕事についてもはっきりとした指示を与える必要があります。自衛隊が手も足も出せないで、自分の艦船、哨戒機、ヘリコプターや日本のタンカーや商船を守ることもできないような状態で中近東に出動させるのは、自衛隊員にとっても日本にとっても悲劇を生み出す危険があります。

戦後資本主義は自由な経済活動を目標に進められてきましたが、政府の規制緩和で経済のバランスを欠き、危ない大きな投資がリーマン・ショックを生み、世界が不況に襲われました。また金融資本で大金持ちになった少数の投資家が世界の富を牛耳ることになり、数人の大富豪が世界の半数の人の合計資産と同じ資産を持つような、異常で危機的な状況を生んでしまいました。家や車のローンが払えなくなり破産して、中にはホームレスになった人たちも多く出ています。新自由主義を旗印に進めてきた資本主義が破綻し、アメリカでは大学のローンを返せない若者がウォール街にデモをしかけたりしました。教育のない白人労働者が鉄鋼、自動車、機械産業の衰退から職を失い、再雇用が難しく、新しい移民、特にラテン系、アジア系や黒人市民を敵対視して、移民排斥運動や人種差別運動に参加し、トランプ大統領の強い支持者になりました。

世界の指導者にとって、これから資本主義を規制しながら社会にとって健全な方向に舵を取り、民主主義をより成熟させ安定化させるのが大切な任務になっています。今の世界の経済システムには問題があることは明らかです。個人の利益や自国の利益だけを考えてどん欲に行動する資本家や政治家が社会を壊し、一般の人々に不安を与えています。富の、より平等な分配と国際協力による平和な繁栄を目標に、各国の政府は国民の福祉の向上のため、経済政策や外交政策を改善する必要があります。

今、アメリカ、中国、ブラジル、トルコ、韓国、北朝鮮で見られる自分たち中心の心の狭い政治指導者の動きは心配です。しかし長期的には一般市民が政治力を発揮し、バランス感覚を持って政治や社会の改革に乗り出していくことを期待しています。当分辛抱が必要ですが、人間の生存への知恵を信じながら世界情勢をよく分析し、日本の指導者は日本人とアジアの市民の福祉の向上のために、リーダーシップをとってもらいたいと願っています。

中国は共産党独裁政権を維持し、世界の自由経済の恩恵を受けながら高い経済成長を享受してきました。今、中国は、アメリカにとって経済的、軍事的、技術的にも脅威になる大国になりました。アメリカの覇権に対し真っ向から挑戦し、東アジアでのアメリカの立場を脅かそうとしています。米中の貿易戦争はそれを反映し、簡単には解決の道が見いだせません。中国の一党独裁政治と経済統制は、民主主義と自由市場経済と相いれないものがあります。中国の共産党指導者たちは、自国の現政治体制と自分たちの政治的、経済的な権力を手放そうとはしません。トランプ政権のアメリカ・ファースト政策と関税の政策は自国の首を絞めることになりますが、中国の自由市場のルールを無視する中国中心の経済・外交・安全保障政策は、アメリカや多くの他の資本主義国の指導者にとって受け入れられないものです。

アメリカとは同盟関係にあり貿易の自由が国益と考えている日本は、同時に中国とも深い経済関係があります。中国に対する輸出額は大きく、多くの日本企業が中国に進出しています。米中の貿易戦争は日本の経済を圧迫することになり、これから日本がどう対応して国益を保護していくか難しい挑戦が控えています。そんな世界情勢の中で日本が国民の福祉を向上させながら住みやすい社会を構築するためには、有能な指導者たちが長期ビジョンとバランスのある経済・社会政策を掲げて日本国民をリードする必要があります。今の政治家にはその素養に欠けている人が多く、彼らを支える官僚の質や能力の向上も求められています。

東アジアで、安全保障と外交問題で深刻になっているのが北朝鮮との関係です。朝鮮半島と日本には苦い歴史的な関係があります。北朝鮮は金政権の絶対的な独裁体制が長い間続き、核兵器やミサイルの能力を高め、独裁体制の維持に今のところ成功しています。国連の経済制裁で国民の生活は極限に追いやられていると思われますが、核兵器の破棄は不可能に思われます。

私はユニセフの仕事で二度北朝鮮を訪れることがありました。会うことができた看護師、保健師やワクチン生産の技術士たちが物資のないところで頑張って仕事をしているのを見て気の毒に思いました。日本とは拉致問題がありますが一向に解決の兆しはありません。

朝鮮半島は、アジア・太平洋戦争以前は日本の植民地であったことを考えると、そこに住む人たちに対する責任を今でも感じる義務はあると思います。北朝鮮で新型コロナウイルスが蔓延している可能性がありますが、それが軍隊や国の統治にどう影響するか注視する必要があります。世界的に無視され、ミサイルを発射して気を引こうとしているうちに内部で大きな変化が静かに起こる可能性もありそうです。局地的な軍事紛争が突発的に起こる可能性もあります。

民衆にとって良い社会になっていくのを見守り、時期がきたら北朝鮮の社会開発に国際社会は支援をすべきです。

自国第一主義が各国で見られると同時に国際協力や国際協調の機運が薄れ、国連を含む国際機関が危機に直面しています。トランプ政権は国連やＮＡＴＯ（北大西洋条約機構）のような安全保障に関連した国際組織までないがしろにしている印象です。その結果、国連開発機関や人道援助機関に対する拠出金が減っています。ＷＨＯから脱退する意向を通告し、拠出金も停止しました。思慮に欠ける決定はアメリカにとっても大きな損失を招くでしょう。民主党政権ができると政策の転換が起こると期待しています。国際社会でのアメリカの役割は大切です。

紛争によって世界中で難民が増えていますが、難民支援のための資金が大幅に不足しています。新型コロナウイルスの蔓延で自国の問題の解決に精一杯で、開発途上国に対する支援がないがしろにされています。狭いところでなんとか生活している難民も新型コロナウイルスに感染しています。

日本も高齢者に対する社会福祉費の増大もあって、国連の開発・人道援助に対する予算への貢献が少なくなってしまいました。これにより国連での発言力が弱まり、上級職員の数も限られています。

それに比べ、近年国連機関での中国人の進出が目立っています。資金力は限られていても日本人の知力や外交力に期待し、国連で世界平和と人類の福祉の向上のために活躍する日本人が多くなることを期待しています。新型コロナウイルスを撲滅するのには国際協力が大切だとの認識は高まり、国連やＷＨＯの役割の大切さが再認識されるものと思っています。

世界各国を見回してみても自分の個人の利益のことばかり考えて行動している指導者が大勢を占めている印象です。また短期的にしか自国の利益を考えていない印象もあります。「世界の指導者」がいなくなっていることが大変心配です。

アメリカはトランプ大統領のような無責任な指導者を生んでしまい、世界に悪影響をもたらしています。人間の醜い面を剥き出しにして人々を扇動しています。教育のない貧しい階層の市民はマスメディアを信頼せず、トランプ大統領のツイッターのメッセージを信じているようです。大統領選挙で再選される可能性は少ないと思っていますが、そのような誠実さのないリーダーを選んだアメリカ市民にも責任があります。

ただ言えるのは、インターネットで情報操作が簡単にできるようになり、民主主義の体質が変化してきたこと、またアメリカ政府はグローバル化に伴った変化についていけない白人労働者に対する有効な政策を出してこなかったことなどに対して、真剣に考える必要があったということです。こういった意味でも有能なグローバルリーダーが世界中で必要になっています。これはアメリカや日本だけの問題ではなく世界の問題です。

日産の元会長のゴーン被告がまんまと日本を脱出し日本の司法から逃れ、レバノンに行ったことが世界を驚かせました。これは日本にとってとても恥ずかしいことですが、それと同時に金持ちがお金の力で犯罪から逃れられるという事実を、日本国民は許してはいけません。

アメリカでも性犯罪を犯したお金持ちや有名人が、高い弁護士を雇い保釈されて優雅な生活をしています。性的な虐待を受けた女性たちが勇気を持って告発し、有能なジャーナリストたちが問題を掘り下げレポートしていますが、被告たちはお金の力でそんなジャーナリストや被害者たちを脅し、SNSなどを使って汚名を着せて黙らせようとしています。日本政府、特捜部の検事や日本のジャーナリストたちも、裁判ができなくてもゴーン被告の罪状の事実を世界に日本語、英語、フランス語で発信してもらいたいと思います。それが関係した日本人の責任と義務だと思います。

選挙違反や、国民の税金からなる政治資金を個人的に悪用した政治家も、罰せられるべきです。法律違反をした私企業のリーダーたちにも責任を取ってもらいたいものです。無責任体制の日本の社会をそのままにしておいてはいけません。日本の倫理観のない指導者の責任を追及し、より誠実で能力のあるリーダーを選ぶ義務が国民や投資家にはあります。

第二章　新しい時代の日本人リーダーに求められる要件

前章で述べた「変わりゆく複雑な世界環境で、日本や海外で活躍するこれからの日本人リーダー」の要件について考えてみましょう。ポスト・コロナウイルスの世界では今までの常識が変わり、新たなリーダーシップが求められます。人間の価値観が変わり、お金や地位より生命の大切さや人間性の重要性が世界中で再認識されると思います。また人間同士のいさかいが無意味に思われるようになり、人類の生存がこれからの大きな課題になります。そのような環境で政治、社会や経済のシステムが改革される必要が緊急の課題になり、新しいリーダーが要請されます。そんな新グローバルリーダーになる要件について考えてみましょう。

まず大切なのは専門的な知識ばかりでなく広い教養です。時代がどう変わっていくのか、それに対応して人間、政治、社会や経済がどう変わるべきかを理解する能力が必要です。また人間の幸福とは何か、自然とどのように共生していくべきか、数年後にまた起こる可能性もある新しいウイルスや細菌に、どう対応すべきかなどを考えられることが求められます。そのため社会科学、自然科学、人文学などの知見を動員して共に将来のビジョンを考え、それに向かって一緒に戦略を考えるためのリーダーシップがとれる人材が必要になります。今の指導者を見ているとそんな知性と人間性を感じることができない人も多く、国民や社員・職員から十分に信頼されていない気がします。それでは指導者のリーダーシップを受け入れることはできないでしょう。

そのため、リーダーはしっかりとした人生哲学と倫理観を持っていて、信頼されることが大切です。最近の政治家、官僚のお粗末な言動を見ていると日本の指導者の中にはしっかりとした信念と倫理観に欠けている人が多い気がします。自分の保身と再選や昇進のことばかりを考え、国民の利益を守る公僕としての意識が低い政治家や官僚が多いことが問題です。これは政治や行政の世界だけではなく、私企業や大学・教育機関でも見られる現象です。国民から信頼されていない政治家ではリーダーシップを発揮できません。嘘と忖度で維持されている政権は長続きできないでしょう。

有名な大企業でも製造の過程で不正をしていたことが明らかになりました。私が好きな車をつくっている企業でも不正が発見され、企業を応援するつもりで会社の株も買いましたが裏切られた気がしました。コスト削減や数的な生産目標に振り回され、製品の品質管理がおろそかになってしまったようです。真面目に一生懸命に働く質の良い日本人労働者のイメージが壊れ、大変残念に思っています。

また関西電力の経営陣が、長年原発のある地域の有力者と癒着して不正な取り引きをして個人的な利益を得ていたことに驚きと怒りさえ覚えます。しかも、私たちが払ってきた電力料金でなされたことに対する責任が曖昧にされています。このようなことを許す日本の社会にしてはならないと思うと同時に、関係した関西電力のリーダーたちの資質も問題にする必要があります。そして電力会社の公的な立場を考えると、社会的・経済的責任や刑事責任も追及されなくてはなりません。

私はインド、バングラデシュ、パキスタン、ナイジェリアのような開発途上国で働いてきました。そこでユニセフ活動のための物資の調達や政府やＮＧＯ（非政府組織）の活動を支援してきましたが、地元では汚職が当たり前に行われているような厳しい環境でした。そのような社会で高い倫理観をもち、公正な仕事をスタッフに徹底させ、汚職でユニセフの大切な資金が無駄にならないように日々努力をしていました。不正をいかに予防するかは、トップの清廉なイメージと厳しいマネージメントにかかっています。

そのことを考えると海外で指導的な立場で働く日本人には、現地の人たちに信頼される正しい価値観と強い倫理観が重要なことは明白です。上司の言うことを聞いて汚職に手を染めてしまっては自分のキャリアを台無しにするだけでなく、現地で刑事責任を問われ、犯罪人になる可能性があることをよく認識してほしいと思います。


日本では「人望」という言葉が使われますが、国連などの国際機関で指導的な立場で活躍している人の中には「人望」のある人がいて、私を育ててくれました。「人望」が具体的に何かは、社会や文化によって少し違ってくると思われます。人望があってこそスタッフが信頼を寄せてついてくると思われます。それは個人的な性格だけではなく、背景にある家庭環境、学歴、職歴、価値観、哲学などを反映しているように思われます。その人たちはユーモアがあり、他人を思いやる能力があり、文化の違いがあっても人間の本性や社会への理解があり、世界各地の歴史や文化に対する興味と見識があり、一緒に話していても心豊かになる人たちです。

山本七平が『人望の研究』（二〇〇九年、祥伝社）という本を書いています。「二人以上の部下を持つ人のために」という副題がついています。彼は「人望」が日本社会では絶対的基準と言っていますが、これは日本の社会だけでなくグローバル社会でもいえることです。彼は「戦後人よりも明治のリーダーの方が外国人に人望があったといえる」と書いています。人望がなければ良いリーダーにはなれないのは世界共通のことだと思います。人望の背景にある徳や仁という概念は中国や日本で古くからありますが、それが現在どういうものかも考えてみる必要があります。

今の流動的な世界環境の中で最も必要な資質は、起業家精神を持ち、失敗を恐れないで新しい事業や社会の問題解決に取り組むことができる能力だと思います。それには判断力、決断力と勇気を伴います。どこの組織でも大きな目的は掲げていますが、現場で与えられた難しい環境の中で、その目的達成のために具体的な目標や実施戦略や方法をチームで考え、実施計画を作らなくてはなりません。その計画を勇気を持って実施できる精神力と明確な判断力が求められています。ユニセフや国連人口基金のような国連開発機関でも、難しい環境の中で新しいプロジェクトを遂行するのには、危険と失敗に直面する覚悟が必要です。そんな人材が、同僚やその国の政府やＮＧＯの人たちの協力を得て、目標の実現のためにリーダーシップをとれることになります。国際機関で成功する職員は、上からの指示を待たないで自分から率先してイニシアチブをとっていました。また上に立つ人たちもそういう能力のある職員の活動を支援し、少しぐらい失敗しても批判から守っていました。

日本の私企業でも、本来の組織の仕事の他に自分で新しい事業をやることを奨励している企業があります。これは若い社員たちに小さな事業をやらせて、それから起業の実際を学び、長期的に組織に貢献できる能力と経験を積み重ねる機会を与えているものと思われます。これは新しいリーダーを育成するために重要なことだと思います。勇気を持って始めた活動が成功すれば自信につながります。小さな成功を積み重ねることによって人間が成長するのです。自分の経験からも中学時代からの小さな成功体験が自分を成長させて、より大きなことにも勇気を持って挑戦できるようになったと思っています。

数年前、私が大学時代に留学していたグリネル・カレッジの卒業後五〇周年の同窓会に出席するため、アメリカのアイオワ州に行ってきました。その時お会いしたメイナード・キングトン学長は大学がdiversity（多様性）とcritical thinking（批判的思考、論理的、客観的、合理的な思考）を重要視していると言ったことが印象的でした。

私が留学していた一九六〇年代には留学生は三パーセントぐらい、黒人の学生もとても少なかった覚えがあります。今では海外からの学生が二〇パーセントになっているそうです。

日本ではdiversityとは女性の社会進出のように言われていますが、それは国際的には通用しない限定的な言葉の使い方だと思います。diversityの重要性は、人々の民族、文化、宗教、社会的、地理的、性的嗜好など人間の多様性を尊重することにあります。そして、いろいろな人々の考え方や価値観を理解してチームで働くことにより革新的で次元の高い仕事をし、より精神的にも豊かな社会をつくることにあります。

これからはより多くの人たちが外国から日本に来るでしょう。日本人も島国根性の偏見に満ちた心から脱皮して、いろいろな人々と協力して生きていくことがますます必要になります。また大きな市場を求めて、より多くの日本人が外国で働くことになります。これからのリーダーには、こういった多様性を重んじ、偏見もなく、世界各国の人たちと一緒にチームで働く環境をつくり、自分が率先して協力して仕事ができる能力が必要です。

critical thinking（クリティカル・シンキング）とは自分で問題を提起し、その背景や原因を分析し、自分で解決方法のオプションを考え、同僚や上司にそれを分かりやすくコミュニケートできることです。批判的な思考だけでなく建設的な態度が重要になります。

日本の教育では先生の言うことをよく聞き、それをノートに書き、暗記し、あたかも全てに正解があるかのごとく教えられます。日本の大学でも、教授が世界的な思想家の考えを自分の解釈でとうとうと述べ、学生はせっせとノートをとって覚え、試験の時に答案を書くような教育をいまだにやっているところが多いですが、これではcritical thinkingは養われません。

グリネル・カレッジでは一年生の時に新入生指導ゼミ（freshman tutorial）という制度があって、大学に入りたての学生に真実を追究する研究の方法を経験させていました。一六人ぐらいの学生を指導している化学の教授から話を聞きました。環境問題という大きなテーマは与えていますが、具体的な研究課題は学生が自分の興味のあるテーマを選んで、その研究方法の助言を受けながら自分で進めているそうです。最後に一人一人研究発表をして、同級生から批判やコメントをもらうとのことでした。これには研究の成果や結果をどうまとめるか、またどのように短時間で発表するかの能力も高める訓練をするとのことでした。日本の大学でも新入生に少人数のゼミで同じような経験をさせてみたらどうかと思います。それによって答えのない問題に取り組み、自分で判断する能力をつけてもらいたいと思います。

アメリカのリベラル・アーツを主体とした名門大学では、古典を原書で（英語で）読み、それを学生同士でディスカッションをします。私の経験では、教授は説明や意見を言ってもそれを学生に押し付けるようなことはしなかったと思います。友人たちや教授の話を聞き、自分なりの考えを持ってクラスの友人たちとディスカッションをすることによってcritical thinkingの能力を培ってきたのだと思います。自分の考える能力を磨き、教授を超えるようになりたいという潜在意識を持っていた気がします。

日本の学びの方法は、まず師匠がいて絶対的な地位と権限が与えられています。生徒は師匠の考えや方法の全てを吸収することに全力投球をします。師匠の意見に反対することは許されていません。封建時代の徒弟制度のような形態で、それはそれなりに良いところがありますが、critical thinkingを培うにはあまり効果的ではなさそうです。そのため日本人は自由に他人と議論をし、持論を論理的に分かりやすくコミュニケートする能力が限られているので、国連や多国間企業でリーダーシップをとる人が少ないのではないかと思います。

リーダーにとってコミュニケーション能力は大切です。二六年間一緒に働いたユニセフの同僚の中には、コミュニケーション能力に長けていた人が多かった気がします。ユニセフの仕事では、マスコミ関係者、政治家、政府の役人、弁護士、NGOの指導者などと一緒に行う、その国の子どもや女性のためのアドボカシー（弁護、主張）が大事な役目です。自分の意見を表明する機会を与えられていない、社会的に弱い立場にある女の子や母親がたくさんいます。その人たちの権利を守り、福祉の向上のためにその国の法律を変え、彼らのためにより多くの予算を政府につけてもらうように努力しなければなりません。

またユニセフの活動は政府や民間団体、個人の任意の拠出金で賄っています。そのため資金を集め、政府や支援国の市民にユニセフの役割と事業の成果をよく理解してもらわなくてはなりません。それで職員採用のインタビューの際、どうしてもコミュニケーション能力がある人が有利になったのだと思います。

グローバル社会でのコミュニケーションでは、英語の能力は大切です。しかし日本人はきれいな英語で間違いなく話すことばかり気にして自信がなく、発言しない人が多いのが問題です。少しぐらい間違っていても、日本語のアクセントがあっても、伝えたいという熱意があれば効果的なコミュニケーションは成立します。国連ではいろいろな国から代表が来てスピーチをしています。中には強いアクセントのある人がいますが、慣れてくると分かるようになります。国連の同時通訳の人たちは大変だと思いますが、さすが専門家、私の日本語の強いアクセントがある英語のスピーチでも、三、四種類の国連の公用語にしてくれました。

国連人口基金の理事会などで誤解されると困るので、前もってスタッフに私の英語のスピーチの原稿を同時通訳の方たちに届けてもらうこともありました。日本では英語力だけが問題になることがありますが、スムーズに話しても内容がなければかえって無視されることになります。

また英語の他に中国語がますます重要になっています。デジタルの世界では英語と中国語が世界を支配する時がやって来ると言っている人が中近東でいました。彼はアラビア語がデジタル世界でも使われなくなるのを大変心配していました。中国では最新の科学技術の研究が進み、重要な論文が発表されています。これからのグローバルリーダーにとって英語は必須ですが、中国語ができることが大変有利になります。日本の若い人たちに中国語を勉強することを勧めたいと思います。

これからの世界で日本人にどのような能力が要求されるかについては、財界のリーダーたちが気付いているようです。経団連が提言したSociety 5.0という概念にそのヒントが見えています。それは、未来の新しい社会をつくるためには、技術の進歩に呼応して、人、自然、物、情報、知識、資金などが、人間の幸福や福祉の向上に総合的につながるようにできる、新しい人材が必要なことを示唆しています。またそれを実現するためには法制度、官僚組織、社会のあり方、私企業、教育制度や研究開発機関も変えることのできる指導者も必要です。

Society 5.0というのは少し漠然とした概念ですが、国際競争がますます激しくなる中で世界の繁栄や平和に対する貢献を考え、高齢化・少子化の波に対応しながらどうやって日本が進路を決めていくか、大きな挑戦に直面していることを示しています。有能なグローバルリーダーが必要なのは、国際機関だけではありません。世界で活動している多くの日本企業についても言えることです。私が客員教授として教えていた関西学院大学総合政策学部の学生にも、どんな職業に就いても世界市民としてまたグローバルリーダーとして活躍してもらいたいと思って授業をしてきました。

文部科学省は関係大臣懇談会の議論を踏まえて「Society 5.0の社会像・求められる人材像、学びの在り方」という提案をしています。この提案は示唆に富んだものでよくまとめられており、日本の教育改革の指針になるものだと思います。これからの社会で共通して求められる能力について次のように提唱しています。「文章や情報を正確に読み解き対話する力」「科学的に思考・吟味し活用する力」「価値を見つけ生み出す感性と力、好奇心・探究力」、そのため、「自ら考えぬく自立した」人間に育てることや「文理分断からの脱却」を提唱しています。この複雑な世界でリーダーシップをとるためには文系、理系それに芸術の教育が必要なことが、やっと理解された気がします。

多くの専門的知識のある人たちがチームを組んで、一緒に働かなくては革新的なことができない時代です。その多様性のあるチームを引っ張っていく人には、広い教養と理解力が必要なのは明らかです。ただそれをどのように教育システムに反映するかは、いまだ知見に乏しい印象です。世界的に活躍した経験のない教員や役人が考えることには限界があります。フィンランドの学校やアメリカ、イギリス、シンガポールの大学から学ぶことが多いと思います。

私の国連での経験を考えてみると、アメリカの大学でリベラル・アーツ教育を受けたことがユニセフや国連人口基金でリーダーシップをとるのに大変役に立ったと思います。私の学んだアメリカのグリネル・カレッジでは社会科学、自然科学、人文学などを広く学び、経験し、教養のある世界市民として指導的な立場で社会貢献できるような基礎的な教育を受けました。

二年生になって政治学を専攻することになりましたが、生命の起源や遺伝学が面白かった生物学、一年間実験し、ラボ・パートナーの同級生から学ぶことも多かった物理学、苦手な微積分や解析幾何学、社会で役に立ちそうな経済学、音楽理論、哲学、西洋史やロシア史、ヨーロッパ近代文学、ギリシャ神話、中世の神学、近代政治思想史、水泳、ゴルフ、テニス、アーチェリーなどの実技、フランス語やスペイン語などいろいろやらされました。

教授や友人たちの支援もあって、なんとか合格点を取って卒業できましたが、他のアメリカの学生と同じように授業の他に毎日五時間ぐらいは図書館で勉強していました。夜一一時まで図書館で勉強し、帰りに学生会館でコーンアイスクリームを一〇セントで買って寮に帰るのが楽しみだったことが思い出されます。

日本の大学生は通学やバイトで、ゆっくり勉強する時間がありません。そのうえ本をあまり読んでいません。日本の大学教育も根本的な改革が必要です。そうでないと、他の国のよく勉強している大学生には敵わないばかりでなく、グローバル資本主義の世界で有効に働けない日本人が多くなることにつながります。

現実の社会では、文科系も理科系もありません。私の国連の同僚には、栄養学の専門家、小児科や産婦人科の医師、国際関係や国際政治を大学院で勉強した人や外交官、国際法の学者、農村水道の井戸掘り機械の運転を指導するエンジニア、ジェンダーの専門家、行政官、統計学者、人口学者、物資の調達やロジスティック（物流活動・兵站学）の専門家、財務や経理の専門家、広報のスペシャリストやジャーナリストなど、いろいろな人たちが世界中から集まっていました。中にはヨーロッパやアメリカの一流大学の博士号を持っている人も多くいました。そんな人たちをまとめてリーダーシップをとるにはいろいろな分野のことを常に学び、組織のビジョンや戦略を立てて、みなに協力して仕事をしてもらわなくてなりません。国連では、ポストを握っているだけでは同僚たちはついてきません。実際に能力があり、仕事のできる人が本当のリーダーになれるわけです。

私は二七歳の時、ユニセフに就職してすぐに北インド代表になり、北部四州でプログラムの執行を支援する仕事を与えられました。その時、ユニセフが支援していた保健所や病院に行くと、医者や看護師たちが私をドクター・ワキと呼んで、ユニセフの国際保健の専門家として相手をしてくれました。

子どもや母親の健康や栄養の問題について私に専門知識があることを前提とし、自分たちが直面している問題を話し、ユニセフにさらなる支援を要求してきました。私は若い時から、ユニセフの同僚や一緒に出張に来てくれたインドの州政府の医師から実際の子どもの患者を見ながら多くを学びました。ユニセフやＷＨＯが出版する報告書を勉強して、門前の小僧のようにユニセフの仕事に関する国際保健の知識と経験を身につける努力をしました。後に国際会議でユニセフを代表して発言する時も、自分で見たこと聞いたこと学んだことに基づいて、自信を持って意見が言えるようになりました。

自分が大学院で政治学、行政学や経済学を学んだとしても、ユニセフのスタッフとしては理科系の知識が大切になりました。そんな時、気後れすることもなく、いろいろな分野を勉強できたのは、大学の学部で自然科学、人文学、社会科学を広く勉強していたからだと思います。これからは生涯学習の時代です。常に好奇心と向学心を持って広く知識を求め、能力開発をしなくてはなりません。

大学で西洋の思想史の古典を読まされていましたが、その中にジャン＝ジャック・ルソーの著書がありました。一八世紀にスイスで生まれ、その後、西洋の思想に大きな影響力を与えた哲学者です。

著書の一つに『人間不平等起源論』というのがありますが、人間が不平等になるのは個人によって好奇心があるかないかだと言っていたように覚えています。なにしろ五五年前に読んだ本なのでうろ覚えですが、彼のアイデアでは好奇心がある人は仕事をうまくやれるように努力をし、経済力をつけるなどして社会的に有利な立場の人間になり、それによって人間の格差ができるということでした。あまり好奇心もなく、スイスの美しい村でボーッと酪農や農業をやりながら生活した方が、平等な、民主的で平和な社会が生まれると考えていた印象でした。

そんなルソーの平等主義、社会主義的な思想が、人民に主権があるべきという思想につながり、フランス革命にも影響を及ぼしたことになるとは意外でした。

今の時代には好奇心は大切です。そして常に自ら問題意識を持って真理を追究する態度が必要です。知識や技術は常に更新されています。限られた有名人の説に頼ったりしないで、自分でいろいろな考え方を学び、自分なりの意見や理論を組み立てる必要があります。

たとえ不平等を生むことになっても、好奇心を持つことはこれからのリーダーにとっては大切だと私は思います。異国から来た、社会も文化も違う人たちと働くうえで世界各地のことに興味を持って理解しようとすることが大切だと思っています。diversityとは、まさにそういった多様性を理解する生活態度が、仕事を楽しく創造的にすることにつながるということだと思います。

世界でも一番伝統主義の強いイエメンで、教育大臣と話をする機会がありましたが、その時我ながら驚いたのは、日本人のリベラルな私と伝統的なイスラム社会や文化を背負った大臣とで、時間が過ぎるほど話が盛り上がったことでした。イエメンで見たり聞いたり驚いたことに基づいて、彼にいろいろ質問しました。彼は、自分の国の文化や歴史に興味を持ってくれたのを評価してくれて、一生懸命に説明してくれました。彼にとっても誇りに思っている自国の歴史や文化について、遠くから来た日本人の私が興味を持ち、質問したのが嬉しかったのかもしれません。

シリアの政党の青年担当の高官とシリアの歴史と文化遺産について話した時も、我々の限られた時間内で古代ローマ遺跡のパルミラにも行くように言って、すぐ手配をしてくれました。シリアにはイスラム教の遺跡ばかりでなくユダヤ教、キリスト教などの世界遺産があって共存しているのが印象的で、その話をしたことがきっかけでパルミラの都市遺跡をぜひ見に行くようにと言われたのです。

残念ながら最近、その遺跡がＩＳによってかなり破壊されたというニュースが入ってきました。独裁政権で長い間戦闘が続いているシリアですが、訪れたダマスカスは良い街でした。夜になり涼しくなると、中庭にあるカフェで若い女性たちが水タバコを吸っておしゃべりをしていた平和なひと時が、懐かしく思い出されます。


世界各国にはおいしい料理、音楽、ダンス、美術、お祭りや伝統的な行事、寺院、教会や神社などがあり、興味深いこと、楽しめることや場所がたくさんあります。ユニセフのような開発機関では、開発途上国での任期が四年ぐらいになるので、現地にしっかり根を下ろしてその国の社会や文化を楽しむことが大切だと思います。それが地元の人たちとの親密さや仕事のうえでの協力につながります。

私は事務所の人たちや政府の人たちと家でパーティーをし、家族ぐるみでゴルフ、テニス、ボーリングなどをしたことが生活を豊かにしてくれたと思います。よく食べ、よく眠ることは健康の維持に大切です。現地のおいしい料理を楽しめることも、自分の健康を維持するためにも重要です。インドに、スウェーデン人のエンジニアがスウェーデンから輸入した井戸掘り機の使い方を指導に来ていましたが、インド料理が苦手で目玉焼きとパンで田舎を回っていると聞いて気の毒になったことが思い出されます。

若いころは給料も安く、インドやバングラデシュで働いていましたので、日本食の材料はあまり手に入らず、現地の材料で料理をしてもらいました。任地での食文化は豊かで、今でも月一回はインド料理やタイ料理が食べたくなります。

最後に大切な素養についてお話しします。私の勤めたユニセフや国連人口基金のような国連の開発機関の職場は開発途上国に多くあります。気温が高かったり医療施設が限られたりします。病気にかかりやすくなったり、適切な治療を受けられないこともあります。私が最初に赴任したインドでも、同僚がA型肝炎にかかって三カ月間家で安静にすることになったりしました。またマラリア、アメーバ赤痢などにかかる人も多かったです。ですから丈夫な体を持っていることが、少しでも開発途上国での生活を楽しむのには役に立ちます。

私は二七歳の時、結婚してすぐにインドのニューデリーに赴任しました。妻は大学を卒業したばかりで若かったのですが、体が弱く、インド、パキスタン、ナイジェリアのような国で病気になることが多く、苦労していました。最後は五〇代の時にがんにかかり、ニューヨークで亡くなってしまいました。不便な任地にも一緒についてきてもらい、感謝していると同時に大変悪いことをしてしまったと思っています。日本で生活していたら、もう少し長く生きられたと思うと残念です。

二〇一九年、バンコクに取材旅行に行った時、国連人口基金のニューヨーク本部で一緒に働いたことのある同僚に話を聞く機会がありました。その時の彼女の言葉がいつまでも頭に残っています。

国連のキャリアで重要なのは、「少しばかりの知力、十分な体力と気力が大切」という言葉でした。同僚たちはみなアメリカやヨーロッパの大学の大学院で修士号や博士号を持っている人たちですが、それでも知力よりも、体力や気力が重要だという考えでした。

確かに国連開発機関に勤めていると開発途上国を四年おきに転勤になったり、他の機関に出向したり再就職したりすることも多く、職場環境の変化や任地の熱帯気候への対応が難しく、体も精神もやられることがあります。健康でストレスに耐えられ、違った環境でも生活が楽しめることが重要になります。これは同伴する家族にも言えることです。妻は私のことを鈍感だと言っていましたが、繊細さはあっても、嫌なことがあってもくよくよしない性格は良かったのかもしれません。

第三章　期待される新グローバルリーダー

「ポスト・コロナ時代のグローバル社会でのリーダーとは何か」を少し考えてみましょう。世界が変わり、人間の価値観が変わる変革期に期待されるグローバルリーダーは、国際機関や多国間企業の改革に大きな役割を果たさなくてなりません。これは日本の企業にとっても当てはまると思っています。

この本では「グローバルリーダー」という言葉を広い意味で使っています。国際機関や多国間企業だけでなく、海外に活動拠点を持つ企業、海外との取り引きがある中小企業の指導者、海外支店の支店長、国際ＮＧＯの指導者など多くの種類の指導者を考えています。また外交官や政治家で国際舞台で活躍している方たちも対象になります。スポーツや芸術の分野で国際的組織の役員をしている日本人もグローバルリーダーです。グローバルリーダーになるには大きく、リーダーシップ能力、マネージメント能力、コミュニケーションの能力が要求されます。中でもリーダーシップ能力は一番大切でしょう。激動の世界で人間の福祉と幸福をどのように追求するのか、大きな挑戦が待っています。

国や組織が危機に見舞われた時は大きな変革の時です。そのような困難な時には勇敢なリーダーが現れます。明治維新に多くの革新的な指導者が輩出したのは、我が国にとってとても幸運だったと思います。イギリス、ドイツ、アメリカなどの先進国から法律、行政、政体、技術、科学、経営など幅広い知識を取り入れて、列強の植民地化の圧力をはねのけ、早い近代化に成功しました。強力な旧体制保持の力も振り切って、日本の政治、経済、社会、軍事などの分野で大革命を成し遂げたのは驚きに値します。その原動力になったのは、日本が植民地になるという危機感だったと思います。

また外様大名の藩や下級武士が大きな役割を果たしたのは、平等でない徳川幕府下での政治や社会に大きな不満を持っていたからだと思います。

社会変革は、既得権を持ち権力を行使している人たちによっては起きません。現状維持に固執して自分たちの権益を守ろうとするからです。

ポスト・コロナ世界では、リーダーにとっては人類の生存と地球環境の持続が大事なテーマになります。ウイルスや細菌は長い間地球に存在し、突然変異を起こしながらその生命を維持してきました。人間は、ごく最近地球上に現れました。人間はワクチンや薬を発明してなんとかウイルスや細菌をコントロールしてきましたが、いつ戦いに負けて人類が地球上から消えることになるか分かりません。それで我々は、いかに共存していくかを長期的に考え、次のウイルスの蔓延に備えなくてはなりません。

また人間は空気を汚し、海や川を汚し、木を伐採したり、動植物を全滅させたりすることによって、地球を破壊してきました。そのため地球温暖化で、多くの問題に直面しています。石油やガス、鉱物資源、森林などを採取している企業は、地球破壊行為をやめようとしません。またトランプ政権のような為政者たちは、自国の企業のために自然破壊に目をつぶっています。これからのグローバルリーダーは人類の存続を考え、持続可能な開発目標の実現に貢献できる人でなければなりません。

私は日本人としてマネージメント能力には自信がありましたが、若い時には国際機関でのリーダーシップ能力に関しては少し不安に思っていました。日本人は何か事が起こると対応に忙しく働きますが、長期的なビジョンや目標を設定し、目標達成のための戦略を立てて自分のスタッフや外部の協力者に説明して納得してもらい、指導力を発揮するのが下手と言われていました。これは日本の政治家や官僚に言われていることでした。

　この点で印象的だったのは谷口誠元国連大使の言葉で、私の人生に大きな影響を与えてくれたと思っています。当時私は、ニューヨークのユニセフ本部でプログラム部のアジア課長をしていました。国連の日本代表部は、我々日本人国連職員のために時々セミナーをしてくれていました。その時、谷口大使が話してくれたことは、我々日本人職員が国連で課長クラスにはなれても、なかなか部長・局長（Director）クラスになっていないという問題でした。確かに周りの日本人を見ても部長・局長クラスの人は大変少なかったのを覚えています。

　その理由の一つは、西洋的なリーダーシップ能力に欠けているからではないかということでした。その時、例に出して話してくれたのは、当時破産寸前の自動車メーカー、クライスラーを立て直したリー・アイアコッカ社長のことでした。国連も所詮はアングロサクソンの影響が強いのですが、アメリカの私企業の社長からもリーダーシップを学ぶことができるという話だったと思います。アイアコッカ社長は会社組織を大きく改革し、社員が反対する人員整理をし、新たな経営目標を掲げ、それにより政府から資金援助を受けることができて会社の業績を大きく伸ばすことにより会社を立て直しました。リーダーとして大きな成果を上げた人で、どういうふうに危機に直面した組織を改革したかに、日本人の職員として学ぶべきことがあるという話だったと思います。

私は自分が日本人として、国連におけるリーダーシップ能力に磨きをかけなくてはならないという認識のもとに、その後のユニセフや国連人口基金で指導的な立場で仕事をしてきました。国連開発機関では四年半ぐらいの間隔で違った開発途上国に転勤することが多く、その間に何か成果を残し、評価されて次のポストに選ばれないとキャリアが続きません。同じ仕事をしていては昇進もありませんし、何らかの実績が上げられないと次の仕事がなく、国連を辞めていく日本人職員も多くいました。

しかし全部で五年ぐらい勤務して勤務評定も良い場合、次の仕事を与えてくれるチャンスは大きいのです。能力のある人は、長い間国連機関で働いています。所詮は国際公務員なので二年契約で仕事をしていても、五年ぐらい勤めると、ある程度のジョブ・セキュリティー（職務保障）はあります。

任地が僻地の場合は、もっと頻繁に転勤になります。特に国連難民高等弁務官事務所（ＵＮＨＣＲ）や国連世界食糧計画の職員は、難民キャンプが生活に不便な地方にあり、災害が起こるところは首都から遠くにあるので二年おきに転勤になる場合も多く、スタッフにとっては精神的・経済的負担が大きくなります。最近は国連に対する反感のある人がいる国も多くなり、国連職員は危険にさらされて仕事をしている場合があります。

現場で働く時、私が考えることは、我々国際職員があくまでもよそ者で、その国には長くても四年ぐらいしかいられないということです。その国の政府やＮＧＯと一緒に働かせてもらい、協力してもらいながら国連機関の職員としての与えられた役割を果たしていかなくてはなりません。現地の国連事務所ではその国の専門家やサポートスタッフが九〇パーセントぐらいを占めていて、我々国際スタッフの数は少ないのが現状です。それで、いかに現地での職員に理解してもらい協力してもらって良いチームをつくるかが、リーダーとしての成功の鍵になります。日本人はチームワークで働くことに慣れています。これは我々の利点だと思います。しかし文化や社会の違う人たちと一緒に働くには、その他にリーダーとしての資質を持ち、やるべきことをよく考えなくてはなりません。

私はアフリカの大国ナイジェリアや南アジアのパキスタンでユニセフの事務所長をやっ

バングラデシュの農村地帯を回る。雨が多く収穫した米を乾すのも大変。

てきました。この二つの事務所は、ユニセフの現地事務所の中で最もマネージメントが難しい事務所と考えられていました。他の職員が行きたがらない任地だったので、どこへでも行く用意がある私にお鉢が回ってきたのだと思います。

新しい任地に赴任して考えるのは、自分がその国で働いている間に何をすべきか、どんな成果と自分の貢献を残して次の任地に行くことにするかです。そのため最初の三カ月間にいろいろな人に会ってお話を聞きました。

ユニセフの新事務所長ということで、その国の保健大臣、教育大臣、政府関係省庁の役人、ジャーナリスト、小児科や産婦人科の医師、大学の教授や研究所のスタッフ、政治家、弁護士など多くの人たちが快く会ってくれます。

彼らから、その国の政治、行政、経済、社会などについての分析やユニセフの役割についての意見をもらいました。また自分の事務所のスタッフからもブリーフィングを受けて、今まで何をしてきたか、どんな成功を収めたか、また成果が上げられなかった分野はどこかなどを教えてもらいました。

私はリーダーシップをとるために、次の三つのことについて情報を集め、分析し、やるべきことを考えました。

第一に組織のミッションは何か、長期・中期目標は何か、国連総会やユニセフの理事会で与えられたユニセフの任務とは何か、ユニセフの目標達成のための組織の戦略は何か、コスパの高い技術や方法は何かなどをもう一度おさらいしました。また任地で達成しなくてはならない組織の目標は何か、その国の政府に求められていることは何かなどを考えました。

次にその国の政府の五カ年計画や長期ビジョンは何か、子どもや女性の健康、栄養、福祉、人権、ジェンダーなどの状態はどうなのか。どんな問題があるのか。今までにユニセフはどんな支援をしてきたか、政府の行政能力はどうか、政府やＮＧＯのスタッフの能力開発にはどのようなお手伝いをしてきたかなどを調べました。

またその国の民主化や政治の能力はどの段階に来ているか、政府や社会が直面している重要な問題は何か、過去のユニセフの協力で成果が上げられていない分野は何か、それにはどんな理由があるかなどを考えました。特にその国の政治、経済、行政、社会などの静かな変化に注目しました。

何かを達成しようとしても受け入れてもらえない状況である場合は、少し待って時機を選ぶことにしました。行動を起こす場合、機が熟したらブルドーザーのように動き、成功させることも場合によっては必要になりました。

第三に考えるのは、自分の事務所で働いているスタッフや政府の役人たちがどのような社会に生きていて、どんな価値観を持っているのかということです。事務所のマネージメントで過去どんな問題があったのか、職員組合はどんな要求をしてきたのか、上層部に対する不満は？　スタッフが集まるスタッフ食堂はどのように使われているのか、一緒にスポーツや旅行をする機会は与えられているかなどを調べます。

その国の歴史、文化、社会がそこで働く人々の行動や仕事にどう反映されているかなどを考えるのは、よそ者として大切です。ナイジェリアのような大きな国では出身地域によって違った部族の出身者がいて、政府でも現地事務所でも複雑な人間関係がみられます。その人たちにとっては何が大切か、彼らにとって職場が何を意味するかも考えました。彼らには仕事の満足感を持って働いてもらいたいと思っていました。

リーダーの役割は、組織の目的を達成するために与えられたその国の経済的・政治的・社会的環境の中で、一緒に働くユニセフのスタッフや、政府やNGOの人たちに達成感や幸福感を持って、効果的に働いてもらうことだと思っています。そのためにはその国の状況や問題を分析して、ユニセフの役割や、仕事についてのビジョン、目標とプログラム戦略を話し合って決めることが必要です。自分の事務所のスタッフや一緒に働く政府、NGOの人たちに理解してもらい、共有してもらうことが大切だと思っていました。自分の意見を押し付けるのではなく、みながアイデアを出し合ってコンセンサスをとっていくことが重要です。イノベーションを導入するには、いろいろな人の意見やアイデアが必要で、それによって今まで考えつかなかったような活動やプロジェクトが政府やNGOと一緒につくれることになります。

グローバルリーダーの役割は、チームのメンバーが自由に発想し、発言でき、横のつながりがしっかりした組織をつくることだと思います。またメンバーにチャレンジ精神を植え付け、サポートすることだと思います。私もユニセフの現場で指導的な立場になった時は、少しぐらい間違っても私がカバーするから勇気を持って難しいことに向かってほしいと言っていました。

インド、パキスタン、ナイジェリアのような伝統社会では、子どもや女性のために社会や制度を変えたりするのは至難の業であることはみんな分かっていました。それでも私たちのように外国から来て、他の国で成功した経験のあるスタッフは、子どもの健康のための予算を増やしてもらったり、子どもや女性の権利を守る法律をつくってもらったりしました。その国で意識の高い行政官、政治家、医者、弁護士、ジャーナリスト、NGOの指導者の協力を得てのことです。塩にヨウ素を振りかけて販売してもらうことにより、ヨウ素不足による子どもの知能や発育の遅れを防ぐことにも成功しました。

オープンで民主的なリーダーシップを客観的な情報の分析のもとに実行していくのには、

知力、精神力、体力や情熱が必要です。大学や大学院で学んだ政治学、経済学、社会学、行政学などの社会科学、歴史学、文学、美術や音楽、自然科学、スポーツなどが役に立ったと思います。違った国でも好奇心を持って広い知識を吸収する能力と、理論的に考え、自分の置かれた立場を客観的に見る能力を、それらの学びの中から得られたからだと思います。

それで、私が教えていた大学の学生たちには、大学時代にしっかり勉強することを勧めていました。

自分のリーダーシップの概念を形成するのに参考になったのは、アメリカのピッツバーグ大学大学院で開発行政を学んでいた時に読んだ、フィリップ・セルズニックという社会学者が書いた『組織とリーダーシップ』という本でした。その本に書いてあったことがいつまでも頭に残って、赴任国の状況を分析し、自分は何をすべきかについて考えるのに大変役に立ったと思います。

大学で学んでいる時は、それが実社会でどう役に立つのは分かりませんが、理論や分析力が無意識のうちに身につき、物事を広く観察して社会や経済の動きを感知しながら赴任国での改革に貢献できるものと思っています。学ぶことによって、自分と仕事をする環境を客観的に考える力が付くと思います。そのための大学や大学院での教育であるべきです。

新しい時代のリーダーのモデルは、今大きく変化しています。日産自動車のゴーン元会長はクライスラーのアイアコッカ社長のように日産の再建に大きな貢献をしました。しかし独裁的で不透明な経営を続け、自分の利益を追求した結果、不正を働くことになり刑事責任を問われることになってしまいました。

今起こっている革新的な技術や生産方法は、ワンマンなリーダーからは生まれてきません。

ハーバード大学ビジネススクールのリンダ・A・ヒル教授にお会いする機会がありましたが、彼女は「一人の天才に頼る組織は危険」と言っています。(NewsPicks　二〇一九年八月二七日)そしてチームワークと集団で天才になることを勧めています。

集団でスピードのある政策決定は難しいですが、各分野のタレントが集まってチームワークでイノベーションを追求する時代になったことは確かです。急激に変化する社会や市場で人々の生活を豊かにする製品や技術は、みんなの知恵を集めて創造的に働かなくては生まれません。特に女性の参画は重要です。そんな混成チームを率いて国際競争に勝てるリーダーが要請されています。

集団で価値観を共有し、新しいことに挑戦することに日本人は長けているような気がします。和を尊び、同僚の意見を聞き、みんなで一緒に物づくりやアイデアを創出するのには慣れているのでしょう。みんなと一緒に未来をつくる喜びは普遍的だと思います。

しかし日本の社会や組織を見ていると、いまだに古い体制と因襲がはびこり、年寄りが指導的な立場に居残って、権限を若い世代に譲ろうとはしません。それで野心のある若者は大きな組織を離れ、自分で起業しています。成功している人も多いですが新しい事業に失敗している若者も多くいます。しかし、こういったベンチャー企業が多く出てきていることに日本社会の良い変化の兆候が見られます。失敗してもまた起き上がってくる強い起業家が、これから大きく成長していくでしょう。

韓国の企業では、若いスタッフを開発途上国に一年間派遣してそこで生活させ、仕事はさせないで現地の社会、文化、経済、人々の生活などを経験し勉強させている所があるそうです。これは重要な投資だと思います。それによって韓国の企業がその地に合った製品をつくるのに成功しています。イスラム教国ではメッカにお祈りするのに方向を知る必要があります。それに対応した電子時計や携帯電話が売れるのは当然です。日本人には、自分たちが良い物をつくっているのだからどこでも売れるはずと思っている人が多いと聞いています。それは少し傲慢な態度に思われます。結局地元の生活・文化やマーケットを知る努力を怠り、より便利で安い韓国や中国の製品に負けてしまいます。

リーダーになるには大きな社会的責任を負うという認識が必要です。東日本大震災の時に驚いたのは、責任者であるはずの東京電力のトップや関係省庁、原子力安全・保安院の関係者が誰も責任を取ろうとしなかったことです。政策決定を曖昧にして責任逃れをする日本の組織の体質は、国際的に許されるものではなく、すぐに変えなくてはなりません。また縦社会が情報の共有を阻害し、職員は忖度して自由にモノが言えない状態になっています。関西電力のトップが多額の金品を受け取っていたことが発覚しました。電気料金で経営している電力会社は半公的な組織で、これは汚職と考える必要があります。

そんな旧体制の組織からは新しい問題解決策は生まれてきません。また既得権を持っている人たちの中には権力をふるい、社会改革を阻止し、弱い者の権利を認めていない人がいます。それが政治的・社会的な弱者をつくり、格差と断絶を生んでいます。

これからの日本を担う若者たちはもっと政治に参加して、自分たちの考えや利益獲得の主張を日本の政治や行政に反映するように努力してほしいと思います。高校生の時、安保闘争で国会やアメリカ大使館へのデモに参加した私たちは、日本の独立と民主主義制度に対する危機感を持っていて、未熟でも政治行動に出たのだと思います。今のおとなしい日本の学生や若者たちは小さな幸福で満足している様子です。成熟しているのかもしれませんが、私には寂しく思われます。

また日本の女性たちには甘えが見られます。しっかり発言して権利を主張し戦って、より高い社会的・政治的な地位を獲得してもらいたいと思います。今の日本女性の地位に関する国際的な低い評価は、日本にとって恥ずかしいことです。意識を高く持ち、知識も広く持った、より多くの日本女性がリーダーとして活躍してもらいたいと願っています。それによって、人間に優しい、より良い日本の社会が構築されるのです。

今の時代には、三食昼寝付きの家庭の主婦の生活は期待できないという現実を直視する必要があります。家族が一緒に働いてサポートし合わないと質の高い生活はできません。

仕事を通して社会につながることが、満足感のある人生を送るためにますます重要になっています。

第四章　私が学んだ国連やユニセフでのリーダーシップ

これからの国際社会で社会改革を進めていくためには、多様化した世界で活動してきた国連機関の仕事のやり方や、そこで成功した指導者たちから学ぶことが多いと思います。ここで国連やユニセフでのリーダーシップを考えてみたいと思います。

国連はintergovernmental body（政府間組織）であることから政治的色彩も強く、メンバー国の間でコンセンサスがないと動けないため、リーダーシップをとるのには難しい側面を持っています。私は大学で国際関係を勉強している時、国連の平和構築や維持の役割に多くの期待をしていました。ですが、国連の安全保障理事会では、アメリカと旧ソ連が拒否権を使って決議案に反対し、重要な紛争解決や平和構築に国連が行動を起こせない状況になっているのを知りました。それで、国連の政治分野より開発や人道援助の分野の活動に興味を持つようになりました。事務局で働く職員には、どこの政府にもおもねることなく、国連とその理念に忠誠心を持って、自分の信念に基づき仕事ができるという利点があります。その点から、国連開発機関の職員になる夢を持つようになったのです。

国連でのリーダーシップは、各国の国連会議に出席している代表たちばかりでなく、国連事務局の事務総長以下、上級職員や国連専門機関のトップや各国にある国連組織の事務所長、部長や課長クラスの職員などによって発揮されています。

歴代の国連事務総長や専門機関の長の中で、私にとって人柄や能力の点で印象的で尊敬した人を挙げましょう。私を国連事務次長補に任命してくれたコフィー・アナン元国連事務総長、元国連難民高等弁務官で現在国連事務総長のアントニオ・グテーレス氏、それに何よりもユニセフで部下として働いたことのあるジェームズ・グラント元事務局長などがいます。女性のリーダーとして印象的だったのは、ユニセフの理事会の議長やその後国連難民高等弁務官になった緒方貞子氏、国連人口基金で一緒に七年間働いたトラヤ・オベイド元事務局長、二〇一九年に初めてお目にかかることができた国連軍縮担当事務次長の中満泉氏などが思い浮かびます。また元アイルランド大統領で国連人権高等弁務官だったメアリー・ロビンソン氏、元チリ大統領で国連女性機関（UN Women）の初代事務局長になり、その後、国連人権高等弁務官になったミシェル・バチェレ氏などは、国連のリーダーとして、またプロフェッショナルとして有能で魅力的な女性たちでした。

私がお会いした有能な国連の指導者たちに共通していたのは、人間的に豊かで、広い教養があり、厳しくも優雅で、お話ししていても心豊かになるような方だということです。特に国連事務総長だったコフィー・アナンさんはジェントルマンで、言葉を選びながらゆっくり話していました。彼の周りにはある種のオーラがあった気がします。国連の職員の中から選ばれた事務総長ということで、我々職員も親近感を覚えました。

ニューヨーク国連事務局本部ビル、古くなり最近内部が改修された。

年末になると国連の警備員やビルの保守をやっている人たちを労うために、国連ビルの地下室に出向いていました。

奥様のナーネさんはスウェーデン出身の外交的な方で、旦那さんをしっかり支えていました。事務総長の公邸でレセプションがあった時、彼女からCNNの有名な特派員を紹介していただいたのを思い出します。
アナンさんは国連PKOの事務次長補をやっていた時、ルワンダの虐殺に対して国連が早期の行動を起こすことができず、大きな悲劇になってしまったことに対して批判がありました。現場から支援と介入の要請があったようですが、安全保障理事会の国々の思惑もあって動けず、彼ができることに限界があったのだと思います。アメリカが共和党政権になりジョン・ボルトン氏が国連大使になると、アメリカが事務総長に圧力をかけ、国連とアメリカとの関係が悪化しました。私が彼を尊敬するのは、それでも国連の理念と役目を大事にして、アメリカからの圧力にもめげず、信念を持って事務総長の仕事を全うしたからです。

現事務総長のグテーレス氏はポルトガルの首相だった方で、事務総長になる前に国連難民高等弁務官をやっていました。私がニューヨーク赴任中、イギリスの国連大使の公邸で夕食会があり、その時グテーレス氏とお話しする機会がありましたが、彼の話題や知識の豊富さ、それにユーモアのセンスが大変印象的でした。それがテーブルでの会話を豊かで楽しいものにしてくれました。

国際的な場でそういう存在になれる日本人が多く必要だと思っています。一国の首相をやった経験による自信と英語の能力など、グテーレス氏のようになるのは生やさしいことではないのが分かります。それでも夕食会のような場でも存在感のある、日本人の国際的なリーダーが多くなってもらいたいと願っています。そんな人柄を思い出して、グテーレス氏が事務総長になった時、危機に直面し各国の支持が下がっている国連を引っ張ってもらうには良い人選だと思いました。

コフィー・アナン氏が事務総長を辞める時、私の国連事務次長補の任期も終わりになり、二〇〇七年の一月の末に三六年間の国連勤務を終えて退官しました。その時、事務総長に任命されたのがパン・ギムン（Ban Ki Moon）氏でした。彼は就任すると国連事務次長や我々事務次長補に対して、みなに辞表を提出するようにとの指示を出しました。パン氏が就任した月の終わりに私の契約が切れ、国連人口基金を辞めることになっていましたが、新しい事務総長の官房から私にも辞表を出すように言ってきました。全ての政治的に任命された上級職員を辞めさせて自分が任命することにこだわったのだと思いますが、少し品のないやり方に思えました。また仕事に不安があったのか、国連本部の自分の身近なところに数人の韓国の外交官を入れて周りをかためました。韓国の国益を増進しようとするような印象を与え、我々国連職員の最初の印象は悪かったのを覚えています。アメリカとの関係は良く、二期国連事務総長をやりましたので外交力はあったと思いますが、アメリカの雑誌からは能力不足の点で批判されていました。

国連の指導者たちに女性が多くなりました。私が働いたユニセフや国連人口基金でも女性の事務局長を輩出しました。上記で触れた女性のリーダーたちはみな、信念と厳しさを持っていましたが、優雅さと優しさも兼ね備えていました。

私がニューヨークのユニセフ本部で勤務していた時、緒方貞子さんが日本の国連代表部で公使をなさっていて、ユニセフの理事会では議長をしていました。緒方さんのシャープで厳しい発言とエレガンスを備えた議長ぶりは、ユニセフの女性職員の間で大変人気があったのを覚えています。また、地婦連の代表を連れてユニセフの活動を視察するためにバングラデシュに来ていただき、慣れない通訳で私がもたもたしていた時、緒方さんに助けていただいたことや、日本とユニセフとの関係強化のために助言をいただいたりしたことが思い出されます。彼女こそ真の日本人グローバルリーダーだったと思います。

彼女の言葉に「熱い心と、冷たい頭を持て」というものがありますが、私も同感です。私もユニセフで人道援助の経験がありましたが、現場で難民や被災者たちが悲惨な状況でなんとか生きているのを見ると心が動かされ、感情的になりました。そんな中で、物資の調達や運送の責任者やユニセフ事務所長代理をやっていたのです。頭を冷やして、現状分析をし、将来どうなっていくのか予測を立てて数字を弾き出し、被災した子どもたちや母親の食糧、飲料水、医薬品、毛布や衣服などを準備しました。

緒方さんの言葉に「自分の国だけの平和はありえない」というのもあります。この言葉にも同感です。国連で働いているとお金だけでなく自ら現場で働くことの重要性を感じますが、日本政府は自衛隊員や日本国民の安全を考え、人的な貢献に躊躇している印象です。国連人道支援組織では、多くの日本人の若い女性たちが治安の悪い任地で働いています。日本の自衛隊にももっと積極的に国連ＰＫＯ活動に参加して、経験を積んでほしいと思います。そういう努力なしでは、日本が国際安全保障活動のリーダーにはなれないと思います。

二〇一九年、軍縮担当の国連事務次長の中満泉さんにお会いしました。若い時、トルコの国連難民高等弁務官事務所で働き、クルド人難民のための責任のある仕事を与えられて実力が認められ、その後数々の要職に就き、国連事務次長まで上り詰めた方です。中満さんも大変なお仕事をなさっていますが、エレガントで素敵な女性のグローバルリーダーです。NewsPicksのインタビューで彼女は謙虚であることの大切さを言っていましたが、お会いした時も自分を支えてくれている部下たちの優秀さを讃えていました。また「真のリーダーは、人物そのものの信頼がなくてはならない」と言っていますが、彼女のキャリアを見ると、多くの国連の上級職員に信頼されて、より責任のある仕事を与えられるようになったのが分かります。中満氏の生き方は、後に続く日本女性にも大変参考になると思います。

私が一番影響を受け、リーダーシップについて多くを学ぶことができた国連の指導者は、ユニセフのジム・グラント元事務局長でした。一九七九年にグラント氏がカーター米大統領の推薦で国連事務総長により任命されてユニセフを率いることになってから亡くなる一九九五年までの一六年間、私は彼の下でニューヨーク、バンコク、イスラマバードやラゴスで働きました。その間ユニセフは着実に成果を出すことによって資金や組織を大きくし、開発や人道援助の分野で確固たる地位と評判を勝ち得ることになりました。

組織が大きくなるにつれて私もより重要なポストをもらうようになり、パキスタンやナイジェリアの事務所長や東アジア地域事務所の次長としてリーダーシップをとることになりました。グラント氏は私のように、現場でコツコツと地味な仕事をしている者も気にかけてくれて、重要で難しいポストを与えてくれました。まさに信頼のできるリーダーで、グラント氏の下で長い間働けたのを幸運だったと思います。

私はグラント氏のリーダーシップから多くを学びました。彼のやり方は、今でも有効な仕事の仕方だと思います。グラント氏はユニセフの事務局長に任命されると、多くの専門家からユニセフをどのように改革して支援活動を方向づけていくかについて助言を得ました。また我々職員をニューヨークの北にある保養地に缶詰にしてブレイン・ストーミングをさせ、新しい組織の活動や方向性について討論させました。私も次の世代の指導者候補として、まだ若かったのですが参加させてもらいました。そのようなプロセスを経て、ユニセフが重点的にやるべき「比較的低コストで多くの子どもたちに恩恵を届けることのできる優先順位の高い活動」を選び、政策や施策をユニセフ理事会に提案しました。

ＷＨＯのような国連の専門機関の医者の中には、ユニセフの職員は何も知らないくせに何でも現場でやっているボーイスカウトのようだと言って、批判していた人もいました。初期の段階でユニセフは、ＷＨＯの他にユネスコ（国連教育科学文化機関）、国連世界食糧農業機関（ＦＡＯ）の専門家に頼んで、プロジェクトの実施を手伝ってもらっていました。

グラント氏は、組織にとって専門的知識と人材が大切であることを認識していましたので、子どもの保健・衛生、栄養、教育、福祉、子どもの権利などの分野で、世界的に最新の知識のある専門家をニューヨークの本部に集めました。そして分野ごとに子どもの命を守るためにはどんな政策や戦略が効果的か、それを実行するのに限られた資金で多くの子どもに恩恵を与えるためにはどうすれば良いかをよく考えました。当時開発支援機関の中には思いつく各種の活動に手を出し、みな中途半端で結果を出していない組織が多かった気がします。グラント氏の考えは、ユニセフにもできる限られた活動を選び、それに資金と専門的な知識を動員して、結果を数字で示すことでした。結果を数字で出すことによってドナー（資金提供国や民間の寄付提供者）からの信頼を受け、ますます資金を受けられ

バングラデシュで戦争や洪水で夫や家族を失った女性たちを組織化して支援をしました。

るようになりました。彼の仕事の進め方は、私がその後のリーダーシップを発揮するのに大きな影響を与えてくれました。

グラント氏がユニセフの事務局長になったころ、世界の貧しい子どもたちの状況はひどいものでした。約一五〇〇万人の子どもたちが毎年、予防できる保健サービスがないためにいたずらに死を迎えてしまいました。また三億人の子どもが栄養不良で、世界の四分の一の子どもが小学校にも行っていないような状況でした。そのような時には少しばかりの活動をしても意味がなく、世界中の政治指導者を動員して、子どもの生存と発育のための「革命」を始めることが必要です。それによって大きく進歩することの重要性を説いて歩きました。

私もグラント氏についていって開発途上国の指導者たちに会いましたが、彼の献身的な努力や情熱に各国の指導者が心を動かしたのを覚えています。そして着々と成果を上げるにつれて、動員できる資金が四倍に増え、ユニセフが活動する国が倍増し、ユニセフの現場のスタッフの数も三倍になりました。今のユニセフがあるのは、グラント氏の貢献が大きかったのは広く知られています。


世界の開発途上国で、貧しい家庭の子どもたちが置かれている悲劇的な状態を考えると、今までのような消極的な方法では問題解決にならないことを認識し、発想の転換と飛躍的な進歩（quantum jump）が必要なことを説きました。そしてグラント氏は、「子どもの生存と発育のための革命」を提唱しました。子どもの健康や福祉のために投資することが人類にとっていかに大切か、またその政策転換と予算の配分が、より正義のある社会をつくり、平和の構築にも貢献することを世界の指導者に説いていました。

一九八九年には「子どもの権利条約」が合意され、一九九〇年には「子どものための世界サミット」がニューヨークの国連で開催され、世界各国の指導者によって条約の批准と執行が約束されました。ユニセフはこの世界的な運動を支援し、各国で法的な改革を助ける仕事をしてきました。私も東京のユニセフ事務所長をやっていた時、子どもの権利条約を知ってもらうように、日本のジャーナリストや学者、NGO指導者の協力を得ました。そして日本の国内法が子ども権利条約に適合しているか、日本弁護士会の助けを借りて精査してもらいました。

私がグラント氏から学んだのは、低いコストで多くの子どもたちに恩恵が届く活動をよく選んで集中的に努力し、結果を出すことの重要性でした。また現状のデータを集め、目標を設定し、各国の進歩を数的にモニターして、ユニセフが各国で結果を出すことに対する貢献を、毎年評価することでした。当然、私たち職員の勤務評定にも反映されました。

私はパキスタンやナイジェリアのような困難な環境で事務所長の仕事をしていましたので、問題が深刻で進歩が遅い分野では、本部から専門スタッフが来て調査し、助けてもらいました。大きな成果を上げたのは、子どもの予防接種でした。また農村水道や初等教育、特に女の子の就学でも確実に良い結果を出していきました。私が赴任中、パキスタンやナイジェリアでは子どもの八〇パーセントが予防接種を受けられるようになったことに誇りを感じていましたが、反面残り二〇パーセントの山岳部の子どもや、遊牧民の子ども、あるいは伝統社会で宗教的な理由から予防接種に反対する家庭の子どもたちに、十分なことができなかったのを悔いています。現在ＳＤＧｓの達成のために残り二〇パーセントに対する特別の努力が各国でなされています。

グラント氏は、ユニセフが“A handful of money and handful of people”（少しばかりのお金と少しばかりの職員）であると言っていたのを思い出します。そして大きな事業を世界的に展開するには、他の組織とパートナーを組んで協力していくことの重要性を我々職員に説いていました。他の国連機関や各国の援助機関とも一緒に戦略を考え、計画を説明しながら資金集めにも奔走していました。私も予防接種に大きな資金を拠出してくれたロータリークラブの世界大会にも招かれ、ユニセフの予防接種活動の説明をし、日本を含め各国から参加していたロータリアンに会い、ユニセフと協力して資金集めに努力してもらっていることに感謝を伝えました。ロータリークラブは、今でも世界中で予防接種を支援しています。

パキスタンやナイジェリアでは、世界銀行（以下、世銀）と協力して世銀の融資プロジェクトの立案をユニセフが支援しました。私は子どもや女性のための活動なら資金がどこから出ても他の機関のお手伝いをするという信念を持って仕事をしました。ユニセフの東京事務所長の時は、日本政府の「子どもの生存のための支援」を物資の調達などでお手伝いしました。ユニセフは世界中で良い品質で安いものを大量に買っていましたので、日本政府にそれを利用してもらい、開発途上国に大量のワクチン、注射器や注射針、注射器の消毒用の器具、ワクチン保存用の冷蔵庫などを世界中に届けてもらいました。少しばかりの手数料をもらって大きな日本の支援につながったことを誇りに思っていました。しかし本部の管理部の職員の中には、日本政府のお手伝いをするのはおかしいと非難する人もいたようです。

グラント氏がよく言っていた言葉に“Going to scale”という言葉がありました。理想を持って高い目標を掲げ、政府や開発銀行、政治家や民間団体を動かして全国の子どもたちが健康を維持し、教育を受け、権利が守られるようにスケールの大きな仕事をすることの重要性を説いていました。当時の先進国の支援団体には、小さな地域で限られた子どもを対象にし、本国からの専門家の旅費などにお金をかけて現場では大した効果を上げていな

インド、ヒマーチャル・プラデーシュ州の山岳地帯を歩く。農村生活指導員が村々を案内してくれました。

いところが多かった気がします。それでは自己満足の援助になってしまいます。

私は一九七一年にユニセフのインド事務所に赴任してからずっと同じことを考えていました。インドは大きな国なので、たとえ限られた地域で始めたプロジェクトでもインドのPlanning Commission（計画委員会）という政府の組織と一緒に計画し、その方法がうまくいくかどうかを評価する重要性を感じていました。成果を出せる良いモデルが出来上がると、インド政府は政策をはっきり打ち出し予算をつけることができます。そして全国に活動が普及することで"Going to scale"が実現するわけです。成功がはっきり見えてくると世銀や各国の援助機関が資金を出してくれました。どの援助機関も資金を無駄にしたくないし、成功に貢献することの大切さを知っているからです。

インドでは、ユニセフが始めた幼児の健康と教育のプロジェクトや農村給水のプロジェクトが中央政府に取り入れられ、インド国中に広がっていきました。ユニセフのような比較的小さな組織でも政府の信頼を受けて大きな仕事につながったことを誇りに思いました。

もう一つグラント氏の戦略を表す言葉に"Social Mobilization"（社会動員）があります。開発途上国で大きな社会変化をもたらすには、政府の行政機関だけでなく、協力してもらえる政治家、医師・看護師、人権を守ろうとしている弁護士、理解をしてくれるジャーナリスト、大学教授や研究者などの協力を得る必要があります。そして、広く市民に理解をしてもらい、政治的・社会的な運動に盛り上げていかなければなりません。それによって政府の予算を子どもや女性の健康や福祉のために増やしてもらい、新しい法律をつくってもらって、彼らの人権を守ることができるようになるわけです。

ユニセフの事務所は少ない職員と限られた資金で運営されていますが、この社会動員を行うことでカタリスト（触媒）としての役割を果たしました。私もユニセフの事務所長として、多くの方の協力を得て仕事をしてきました。世界や日本の良いＮＧＯも同じような方法で成果を上げています。

政治家に対する不信感は世界各国で見られますが、国のトップリーダーが動かなくては大きな運動は興せません。そこで"Political Will"（政治的意思）が必要になります。

グラント氏は世界各国を回り、大統領や首相、それに保健大臣、教育大臣、財務大臣を訪問しました。子どものための政策を打ち出し、予算を増大すること、必要な法律を改正して子どもの生存と保護に法的な力を加えること、また率先してその実施に取り組むことなどを精力的に要請したのです。

私もグラント氏に随行して政治の指導者に会いました。その際、一人一人に話すポイントを三つ選んで、小さなカードに書いておき、背広の胸のポケットに入れていました。会った政治家たちもその三ポイントはいつまでも覚えていて、その後も言及し、自分で行動に移した人も多かったのです。重点的に情熱を持って話すことによって、インパクトが大きいと感じました。

グラント氏にナイジェリアに来てもらった時、軍人のイブラヒム・ババンギダ大統領に会ってもらいました。大統領は子どもの予防接種には興味がなく、予算を削ってしまっていましたが、グラント氏の努力で予算の復活に成功しました。ナイジェリアは石油が出るので、自国の資金でワクチンを買う能力がありました。それによって多くの子どもたちに予防接種ができることになりました。

"Political Will"の重要性は、一九九〇年九月、ニューヨークの国連本部で開催された子どものための世界サミットに象徴されます。世界中から大統領や首相が集まり、子どもの権利条約を守る約束をし、そのための予算をつけ国内法を改定することを誓いました。このサミット開催にはグラント氏が大きな役割を果たしました。私もパキスタン政府の協力をお願いして、ベーナジール・ブットー首相にもお会いし、パキスタン政府の高官にシェルパ（首脳会議の準備、会議内容の根回しをする人）として世界子どもサミットの開催に骨を折ってもらいました。

グラント氏の下で働いた我々の時代のユニセフ職員は、今でも仲間意識が強く、世界各地でOB／OG会などをして集まったりしています。私は、グラント氏に近いスタッフと見られていたせいか、グラント氏が亡くなって新しい事務局長になり、本部の人事が変わると、胡散臭い存在になったようでした。自分たちは現場主義で結果を出す良き組織の文化をつくったという自負がありましたから、新体制が良い伝統に反した政策をとろうとした時は批判したりしていました。その時、ユニセフから国連開発計画に出向し、国連改革の仕事を与えられたのは幸運だったと思います。

国連機関では上級職員の人事は、政治的な影響を受けやすくなります。アメリカ政府のように大統領が代わると行政府のトップや局長クラスも変わりますが、国連でも同じようなことが起こる場合があります。中立的な国際公務員のイメージに悪影響を及ぼすことがあるのは残念ですがそれが現実でした。

第五章　国連改革をどう進めたか

一九九五年にジム・グラント氏が亡くなり、アメリカ人の新しい事務局長がユニセフに就任しました。幸いなことに、そんな時、ユニセフから出向して国連開発計画の本部にある国連開発グループ事務所（United Nations Development Group Office, UNDG Office）の次長として国連改革の仕事をする機会を与えられました。

国連開発関係の諸機関がばらばらに仕事をしていて非効率であるという批判が、特に資金を提供しているヨーロッパ諸国からあり、ユニセフ、国連人口基金、国連世界食糧計画、国連開発計画などがまとまって協力することが要請されました。当時、日本政府も、国連開発機関が大きな官僚組織になり無駄が多いことを批判していました。

ユニセフの新事務局長はヨーロッパを訪れた時、「ユニセフが自分勝手にやっていて、他の国連機関と協力していない」と批判されたそうです。その話を事務局長が東京に来た際に聞きました。当時、私は東京事務所長をしていたのです。それで、新しく国連開発計画内にできた国連開発グループ事務所に、ユニセフから早く上級スタッフを送り、協力関係を強化する必要に迫られていたのです。

私の主な仕事は、国、地域、グローバルレベルで国連開発機関全体が一緒に仕事をするためのシステムと政策の原案をつくり、実施するリーダーシップをとることでした。国連開発グループ事務所の執行委員会は、国連開発計画、ユニセフ、国連人口基金、国連世界食糧計画の事務局長がメンバーで、国連開発計画の事務局長が議長をしていました。国連開発グループ事務所の事務局は、組織のトップがメンバーの執行委員会の仕事を補佐し、決定された政策を国連全体で実施する時、支援をする目的で設置されました。私はユニセフ出身でしたが国連全体のことを考え、開発途上国とドナー国両方に受け入れられ良い評価をもらえるように、各開発機関の有能なスタッフに集まってもらって、新たな政策と仕事のやり方を考えました。その際、私が以前リーダーシップをとって、ユニセフのダッカ事務所でつくったユニセフのカントリー・プログラミングのシステムとプロセスを参考にしてもらいました。国連組織全体が一緒に仕事をするための枠組みをつくるのに役立つものだったからです。

政府やＮＧＯと一緒にバングラデシュへの支援計画をつくった経験や方法論が、国レベルで国連全体が協力して働くフレームワークづくりに大変役に立ちました。当時ユニセフのバングラデシュ支援は五年間で一億二五〇〇万ドルに上り、援助額が大きく、バングラデシュは大切な国でした。国連開発グループ事務所のワーキンググループに参加していたユニセフスタッフも、国連全体の国レベルでの仕事のやり方、その国の開発問題の分析や国連全体の支援計画作成の詳細な方法をつくることに、大きく貢献してくれました。

私が二年半働いた国連開発グループ事務所は、国連開発グループ執行委員会議長だった国連開発計画に新しく設けられました。最初は事務所のスペースもなく、小さなオフィスを他の人と共有していました。私はＤ－２という部長レベルの職員で国連開発計画出身の事務所長と同じランクでしたが、そういう形式的なことにはこだわらないで、低姿勢で執行委員会をサポートするというスタッフ機能に徹することに努めました。

他の国連開発機関からも経験のある職員が出向していて、みんなで仲良く国連改革のために情熱を注ぎました。当時は国連が大きな官僚組織になり、各機関が競合して非効率な組織であるとの批判があり、私たちは国連に対し危機感を持っていました。そこで一緒に働いた仲間たちは、同じ価値観を共有し、後で自分の組織に戻っても国連の理念を実現するために協力し活躍しました。

私の場合は、ユニセフを離れて国連開発グループ執行委員会（UNDG Executive Committee）のメンバーだった国連人口基金の事務局次長として、それから退官するまでの七年間働くことになりました。国連開発グループ事務所の仕事では国連機関のトップと会う機会が多く、自分のキャリアの観点からも大変良かったと思っています。また多くの国連開発機関にも人脈ができました。


国連開発グループ執行委員会で、国連開発機関が実行すべき新しいシステムや政策が決まると、それを文書化して世界中の国連職員に知らせました。ウェブページもつくって、誰でも参考資料を見て現場での仕事をできるようにしました。また開発実施機関や国連専門機関の職員に理解してもらうためにトレーニング活動を計画し、トレーナーとして参加しました。パリのユネスコ本部、ローマの国連世界食糧農業機関の本部やボンにあるUNV（国連ボランティア計画）でのトレーニング活動にも参加しました。

また私には、アジア・太平洋地域で新しい政策と仕事のやり方を実施してもらうために各国の国連カントリー・チームを支援する役目も与えられました。その関係でニューヨークからインド、フィリピン、エチオピアにも行き、その国の国連機関の代表の集まりに参加したこともありました。

国連開発機関の国レベルで現場での仕事をまとめると言っても、それは難しい仕事でした。各々の機関の使命が違ううえに、国連機関と言ってもＷＨＯや国連世界食糧農業機関のような専門機関は法的に独立した地位があり、国連事務総長の権限が届かない面もありました。

また、世銀のような開発銀行は国連と関連はしていますが独立していましたので、国連開発グループと張り合って、他の開発支援機関を調整するための世銀主導のフレームワークづくりをしていました。世銀の職員は自分たちが中心になって開発機関の調整をやりたいと思っていたようでした。私が非公式な場で国連の高官がそれをどう見て何をしているかを話したところ、世銀の元職員が世銀のスタッフに言いつけた結果、私を批判する世銀のスタッフがいたようです。当時の世銀関係者には傲慢な人がいて、表向きには協力しているふりをしながら裏で我々国連職員がやっていることが面白くないと思っていた気がします。

私たちが最初にしたことは、国連総会に提出された国連事務総長の報告書や総会での決議をよく読んで、国連開発グループや私たちの働く新しい事務所が国連改革で何をすべきかよく考え、事務所の Terms of Reference（委託事項）の原案をつくることでした。自分たちの使命と達成すべき目標をはっきりさせることで、改革の仕事を促進させることができたと思います。その案が開発機関のトップからなる国連開発グループの執行委員会の承認を得ると、私たちの仕事が大きく動き始めました。

国連事務総長を補佐する事務局のスタッフには有能な人が多くいて、国連事務総長の報告書を草案していました。学歴もあり英語で書く能力があることは当然です。また政治判断力があり国連総会や経済社会理事会での決議や討論をよく理解して、国連が将来どう進むべきかを文書で明らかにする能力がありました。

私が受けた日本の英語教育では、難しい文学書の一節を翻訳することにエネルギーを費やしていました。書く力をつける機会が乏しかったと思います。コロンビア大学で外国人留学生向けの英語の授業を受けている日本人に聞いてみると、英語を書くことに相当な時間をかけていたのが印象的でした。

国連では文書で仕事をすることが多く、会議で発言するだけでなく、文書を読んだり書いたりする能力が必要です。私は三六年間英語で仕事をしてきましたが、読んだり書いたりする能力にまだ欠けています。これは国連で働いていた間、使っていなかった日本語についても言えることです。今こそ、日本の英語教育を抜本的に改革する時だと思います。それには教師の能力開発と教える方法の根本的な改善が必要と思われます。

私の仕事は、新たな国連全体のプログラム政策と、開発途上国で国連機関全体が支援する援助計画を一緒につくる制度と方法論をつくること、またそれを実行してもらうためにアジア・太平洋地域で国レベルの国連チームを支援することでした。それに大きな役割を担ってくれたのが、各機関からワーキンググループに参加してくれた若い世代の国連職員たちでした。将来性のある有能な職員を、ユニセフ、国連開発計画、国連人口基金、国連世界食糧計画、ＵＮＩＦＥＭ（国連女性開発基金）、国連事務局やＷＨＯ、国連世界食糧農業機関、ＩＬＯ（国際労働機関）のような専門機関が送ってくれました。また国連開発グループ事務所も出向で来ている人が働いている事務所だったので、古い慣習にこだわらない躍動感のある職場でした。

私たちを補佐してくれる若く頭の良いスタッフがヨーロッパや日本から来て、新鮮な雰囲気をつくってくれました。そういった次世代を担う若いスタッフとの仕事は楽しいものでした。その中には後に私が働いた国連人口基金に就職して、今は上級スタッフとして働いている人もいます。

国連開発計画、国連人口基金、国連世界食糧計画、ユニセフやその他の機関から、将来組織を背負ってリーダーシップをとってくれるような中堅の職員が集まり、テーマごとのワーキンググループができました。国連改革の具体的なアイデアを出してくれたのは、ここで活躍した比較的若い人たちでした。組織の目的や利害は違っていても国連全体の未来のために議論を出し尽くして、妥協もしながらコンセンサスをつくったことにより、国連改革は開発の分野で大きな成果を上げることになりました。国連開発グループ事務所で働いていた私たちの仕事は、そのグループの事務局として支援し、話をまとめて文書にしたりグループに情報を提供したり、提案がまとまると執行理事会に報告し承認を受けることでした。リーダーとして自分の意見を押し付けるのではなく、みんなで議論していくうちにコンセンサスを形成することでした。そのプロセスを支援し、方向づけることが私の役割だと思っていました。

違った国連組織から来ているので、ある時は自分の組織の利益を守ることに走り、協力してもらえないことがありました。ですが、国連全体が危機に直面しているという認識で、踏ん張らないといけないという責任感は、みんな持っていたと思います。

その後、私は日本政府の推薦もあり、国連人口基金の事務局次長になりました。それから二年間、国連開発グループのプログラムグループの議長に選ばれ、国連組織全体が国レベルでどう働くか、その方法やプロセス、それに国連としての諸分野における政策を打ち出すことに貢献しました。これができたのもユニセフ、国連開発計画、国連人口基金という三つの国連開発機関で働いた経験があり、国連全体のことを考え、自分の組織の利害だけを追求することなどないという信頼を多くの国連機関の代表から得たからだと思っています。国レベルでの国連常駐調整官（UN Resident Coordinator）に選ばれるのには、一つの組織の経験より、二、三の組織で働いた経験のある職員の方が高く評価されるのです。

近年、アメリカを筆頭に自国第一主義で、多国間組織をないがしろにする政権が多くなりました。経済が不況になり雇用が悪化し、高齢化によって社会福祉予算が増大すると、内向きの政策になりがちです。関税を上げて自国の産業を保護することにより、結局市民や消費者にとっては高い商品を買わされ、不利な結果に終わっています。移民を排斥し、マイノリティーを不利に追い込もうとしていますが、それでは経済成長や国民の福祉の向上は期待できません。今のアメリカにはそういった諸問題が沸騰しています。

新型コロナウイルスが蔓延することによって、短期間では各国が国境を封鎖したり、貿易を制限したりします。ですが、人類の脅威になる感染症の撲滅には国際協力なしでは不可能だという認識が高まり、グローバル化した現状を逆行させるのは無意味であることが分かってもらえるものと確信しています。そして国連や感染症対策で重要なWHO、地球温暖化とそれに伴うイナゴの大量発生による食糧危機に対応する国連食糧農業機関などが、人類の存続のために重要な役割を担っていることを理解してもらえると思います。

国連行政には、いまだ問題は多いですが、意見や価値観が違った政府の代表が集まり、世界の問題を解決するために政策や戦略の合意を形成し、専門的な分野でも国際基準をつくって人間の安全や、人権、環境、開発、人道支援で活動をしているのは高く評価されるべきだと思います。大国間での利害の衝突から、国際安全保障の分野ではなかなか成果が出せないのは残念に思います。しかしながら開発や人道支援、人権の保護などの分野では確実に結果を残してきました。

欠陥はあっても、国連や国連機関は世界の人々にとってなくてはならない存在です。日本のみなさんにも、国連の役割と活動を理解して国連をサポートしていただきたいと思います。また、国連の場でリーダーシップをとる日本人がもっと増えることを願っています。

第六章　国連人口基金事務局次長としてのリーダーシップ

一九九九年の年末に国連代表部の高須幸雄大使から電話があり、国連人口基金の事務局次長として私を国連事務総長に推薦したいがそれで良いか、とのお話がありました。思いがけないことで、そして、まだユニセフとのつながりがあったので少し戸惑いましたが、下から上がってきた国連職員としては大変名誉な政治的なポストに考慮していただけるとのことなので、快くお受けしました。

大晦日に海外出張から帰ったばかりの国連人口基金の事務局長のナフィス・サディク氏と、彼女の自宅でインタビューがありました。もう私を採用することを決めていた印象で、国連人口基金にユニセフのやり方の良いところを導入してもらいたいと言っていたことが心に残りました。

当時、国連事務総長の官房長はパキスタン人で、パキスタン出身のサディク氏の同意を得て、一月中旬には事務総長から国連人口基金事務次長に任命する旨の手紙をもらいました。日本では岸信介元総理や故加藤シヅエ国会議員など、人口問題に関心を持ち国連人口基金の設立に貢献した国会議員が多く、それまで日本から高額の拠出金も出ていて、国連事務総長も日本人の私を特別扱いしてくれたと思っています。

サディク事務局長とは、ユニセフのパキスタン事務所長をやっていた時代からお会いする機会があり国連開発グループ事務所の次長の時も時々会っていましたので、安心して私を次長として選んでくれたようです。パキスタンのような封建的な男中心の社会で育っていたせいか、気が強く自信を持った指導者でした。

ある時、彼女が国連開発計画の事務局長とやり合っていた際に同席していましたが、相手の言葉を遮って自己主張をしていたのが印象的でした。国連人口基金はユニセフや国連開発計画と比べると小規模の組織だったので、国連開発グループの中でも存在感を積極的に発揮して同等に仕事をしていた印象です。この点ではサディク氏に学ぶことが多かった気がします。

パキスタン出身の女性には国際機関で活躍した方が多いのですが、彼女たちはミッション・スクールなどでイギリスの女性教師などに教育を受け、また進歩的な父親に応援されて頑張って勉強した人たちです。そのため、英語の能力が抜群で、自己主張をしながら頭角を現しました。その点、日本で教育を受けたおとなしい日本人は、国連では少し不利な立場にいた気がします。ノーベル平和賞を取ったパキスタンの少女、マララ・ユスフザイさんの場合、教師である父親の強力なサポートがあったのでしょう。マララさんの英語のスピーチ能力は抜群で、我々日本人が学ぶ点が多いと思います。

初めての国連人口基金の印象は、本部に地域局があり中央集権的な組織になっていること、また国レベルでの事務所が小さいことで、これは改革すべき問題だと思いました。またユニセフに比べ少しフォーマルな雰囲気でした。これは初期に国連開発計画の一部であった伝統で、国連開発計画に似た組織文化を継承したのだと理解しました。

ユニセフはいつもトップがアメリカ人で、我々、下端がグラント事務局長を呼ぶ時もファースト・ネームでした。ユニセフ本部のスタッフも、国レベルでの仕事の経験者が多く、現場主義が組織の伝統として確立していました。

国連人口基金のプロフェッショナル・スタッフには女性が多く、家族もニューヨークにいて、開発途上国への転勤を避けながら長く本部に残る職員が多い印象でした。私は、この点も変えなくてはと思ったのです。

キューバのカストロ議長とHIV感染予防のために若者を動員する戦略について話し合う機会があった。

最初の年はなるべく低姿勢で、新しい組織の仕事を覚えることを優先的に考えました。長い間勤めていた「ユニセフ」をつい口に出して嫌がられました。国連人口基金にとってユニセフは競争相手なのです。

また国連人口基金の上級スタッフは、「おとなしい日本人が来た」と思っていたようで、私が国連人口基金に入った初日、本部のトップ・レベルの少人数の会合で発言したことに驚いた人がいたようです。組織は違っても、それまでに三〇年近く国連で働いた経験があったので、国連人口基金が直面していた問題の分析や解決策にもすでに意見を持っていたのです。

最初の一年間はマネージメントと政策担当の次長をやることになりました。二年目からは二人いる次長の一人が辞めることになっていて、ユニセフの経験から私が支援プログラム政策や地域局、国レベルの事務所を統括するプログラム担当の次長になることになっていました。

マネージメントで私が最初に手をつけたのは、国ごとに配分された支援予算の使い方について、よりはっきりした責任をその国の事務所長に取らせることでした。モニタリングがしっかりしていないと予算以上に使ってしまい、また支援が難しい国では活動が鈍く、その国が当然受けるべき支援資金を受けていない場合がありました。また事務所長によっては任地の政府の強い圧力で、国連人口基金の政策とは離れた分野で活動をしている事務所がありました。

私の出した指示は予算を一〇パーセント以上オーバーした場合、また七〇パーセント以下しか使わなかった場合は本部に報告するようにということでした。それまでは結構自由にやってきた国レベルの事務所長たちは、私の accountability（説明責任）の追及を面白く思っていなかったようでした。ヨーロッパでの国連人口基金の事務所長会議に参加した時、北欧出身の体の大きな女性事務所長が私の胸に人差し指を突きつけて、よくもそんなことをしてくれるなというような態度で詰め寄ってきました。多分彼女は東欧の国で支援活動がうまくいっていないため、資金をあまり使っていないのでしょう。本部の地域局から説明を求められたので少し怒っていたようでした。

当時国連人口基金の本部はニューヨーク、マンハッタン四二丁目の国連に近いニューズビルにありました。とても便利なところでしたが、アスベストを使っていたのと、更新ができない契約だったので、新しいオフィスビルを探さなくてはなりませんでした。ニューヨークの家賃は高いので、これは大変な仕事です。不動産の専門家の助けを借りて、なるべく国連本部のビルに近いところを探してもらいました。マネージメント担当の次長である私は、新事務所の決定には各段階で参加しましたが、ビルの持ち主はいろいろな条件を提示してきて、交渉が大変でした。またニューヨークには得体の知れない不動産ブローカーもいるので細心の注意が必要でした。

最近はマンハッタンを離れて郊外に行く私企業が多くなっています。近くに住宅地もあり良い学校もあるので、社員や家族にとっても良いと思います。これはインターネットや付随したＩＴの進歩で、街の中心部にいる必要がなくなったからでしょう。ただ国連機関は国連本部での会議が多く、各国の外交官たちと会うことも多かったので、マンハッタンにいることが重要でした。我々職員はニューヨークの狭いアパートに住んでいましたが、世界中からタレントが集まり、コンサートやライブ活動も盛んで、そのうえ各国の料理を出すレストランなども豊富で、マンハッタンの魅力には特別のものがありました。経済的にも大変で破産しそうでしたが、なんとかニューヨークでの生活も楽しみました。今でもたまに私の第二の故郷のニューヨークには行きたくなります。

二年目に入る前に国連人口基金のトップリーダーが代わりました。歴代、開発途上国から事務局長が選ばれていましたが、サウジアラビア出身のトラヤ・オベイド氏が任命されました。以前、ベイルートにある国連西アジア経済社会委員会（ＥＳＣＷＡ）事務局次長や国連人口基金のアラブ諸国・ヨーロッパ地域局の局長も歴任した、豊かな国連経験と能力のある人でした。彼女は国連機関のトップになった最初のサウジアラビア人でした。封建的なサウジアラビア出身ですが、若い時からエジプトの寄宿舎のある女学校で勉強し、女性として初めて政府の奨学金をもらってアメリカの大学に留学しました。英文学や文化人類学を学び、博士号も持っていました。一年間一緒に働いたことがあるので良い人がトップになったと思いました。その後六年間、彼女を支えて国連人口基金のナンバー2として働かせてもらったのを感謝しています。考え方や政策、仕事の進め方などで共通点が多く、私が自由に仕事をさせてもらえたのは幸運だったと思います。

国際機関で良いのは、トップが変わると大きな改革が行われることが多いということです。チェンジ・マネージメントは、目まぐるしく変わる世界の環境に対応するのに重要なことです。企業にとってもデジタル技術の進歩や世界市場の変化に対応し、また将来を見据えて常に組織を改革することが必要です。新型コロナウイルスで経済・社会環境が変わった今ほどチェンジ・マネージメントが必要な時はありません。

日本の組織には高齢者が居座り、自己の保全と既得権の保護に専念して、改革を拒む指導者が多い気がします。そんな組織は競争に負けて、そのうち破産して消えていくと思われますが、その組織で働いている人たちにはたまったものではありません。意欲を削がれ、能力開発の機会も与えられず、結局改革の機運も芽生えず、不幸な人生を送っている人が多い気がします。これも組織のリーダーの倫理観・人間力・能力の不足からくる現象で、真剣に取り組むべき日本社会の課題です。世代交代は大切です。高齢者は引き時を大切にして、若い世代に機会を与えるべきです。

国連人口基金が素晴らしいのは、世界中の難しい問題、例えば性と生殖に関する健康、ジェンダー、ＨＩＶ感染予防、妊産婦死亡率の低減、家族計画など、女性と女の子の健康と福祉向上のために保守的な反対勢力と戦いながら仕事をしていて、職員が情熱を持って組織の使命に取り組んでいたことです。

私は同僚から学ぶことが多く、感謝しています。また多くの熱心なサポーターが世界中にいて、国連人口基金に対するアメリカの拠出金が保守的な共和党政権によって止められると、ヨーロッパの政府が不足分を提供し、助けてくれました。先進国の政府だけでなく、開発途上国の政府、ＮＧＯ、財団、マスメディアなどの指導者が国連人口基金を支援してくれました。ロックフェラー財団などは資金を提供して国連人口基金の新たな方向性を決め、組織改革をする支援をしてくれました。その資金で組織改革のコンサルタントやスタッフのワークショップにファシリテーター（ワークショップの方法について助言しディスカッションが円滑に行くように指導してくれる人）に来てもらいました。

私もリーダーシップやマネージメント能力開発のために個人的なコーチングも受けられるようになりました。常に世界の政治、社会環境の変化に対応するため、組織改革はトップリーダーにとって重要な任務です。

国連人口基金の使命は、一九九四年にエジプトのカイロで開催された国際人口開発会議（International Conference on Population and Development, ＩＣＰＤ）で採択された行動計画の実行を、世界中で促進し支援することでした。その計画に盛り込まれた原則はユニセフの政策と一致することが多く、よく理解はしていましたが、私にとっては勉強しなくてはならないテーマも織り込まれていました。特に国勢調査、人口政策、リプロダクティブ・ヘルス／ライツ（性と生殖に関する健康と権利）については、国連人口基金の本部にいた専門家たちに教えてもらいました。

専門知識があるばかりでなく、この分野で情熱的に働いているスタッフが多く、国連人口基金はその存在感を世界で示していました。ユニセフでも一時、家族計画をchild spacingという言葉で母子の健康を促進するために重要な活動と考えていましたが、南米などのカトリックの国からの反対もあって、グラント元事務局長は諦めたという話を聞いていました。国連人口基金は保守的なイスラム国やカトリックの国の代表から反対もある難しいテーマを扱う国連機関です。アメリカからの拠出金もキリスト教団体などの批判もあって共和党政権になるといつも止められていました。私もジョージ・W・ブッシュ大統領の時、アメリカ政府の代表からの圧力に対応する機会がありました。その代表は女性でありながら大変保守的な価値観を持っていて、国連人口基金の中国での活動を批判していました。ハーバード大学の法学部を出た人で頭もよく、議論するのに手強い相手でした。

当時、人権をないがしろにした一人っ子政策を実施していた中国に対する批判は強く、アメリカ政府は国連人口基金が中国で少しばかりの技術協力活動をしているのを理事会などで非難していました。ボルトン氏がアメリカの国連大使だった時なので、アメリカ政府は資金を止めるばかりでなく、いろいろな形で我々に圧力をかけてきました。

そんな時、嬉しかったのは、ＣＮＮの創始者のテッド・ターナー氏のようなアメリカ人の有力者が国連を支援してくれたことです。彼の資金でできた国連財団のパーティーでターナー氏に会った時、私が国連人口基金の職員であることを告げると、ターナー氏は少し跳び上がったようなジェスチャーをして"I love UNFPA!"と言ってくれました。ボルトン国連大使ともお会いしましたが、保守的な彼は、国連人口基金の職員を相手にしないような印象でした。

中国の政府も、国連人口基金がアメリカに対して弱腰だと言って、我々に不満を言っていました。中国は世界で一番人口の多い国ですから、国連人口基金にとっては大切な国連メンバー国です。私たちは中国とアメリカの二つの大国の間に挟まれて二匹の象に踏み殺されないように頑張っていました。小さな国連機関にできることは限られていましたが、それでもモデル郡を選んで住民の希望を叶え、二、三人の子どもを安全に出産し、健康に育てるための医療体制をつくることを支援しました。

私が訪れたのは中国西部の西寧《せいねい》近くの少数民族の住む地方で、民族衣装を着たお母さんたちに温かく迎えられました。近代的な母子医療のクリニックができていました。国連人口基金が支援した医療機器などは、無駄なく有効に使われている印象でした。少数民族の地域では一人っ子政策は実施されておらず、三人までは子どもを持つことが認められていました。これには政治的な理由もあったようです。

中国と仕事をしていて感じたことは、共産党の指導者で政府の中で活躍している人には優秀な人が多かったこと、また中国にはいろいろな考えと利害を背負っている人がいて、政府が政策を全国で徹底するのが難しいという印象でした。私が出張で中国の地方に行く時も、中央政府の若い役人が一緒について来ていて、地方の役人に中央の方針を説明していました。人口政策に関しても党の中には過激な考えを持った人が多かったと思いますが、私たちが一緒に働いていた人たちは、国連の政策や国際基準もよく理解している人も多くいました。そんな人が私に言ってくれたのは中国の人口政策を変えようとしている人たちにとっては、国連人口基金は大事な世界への窓であるということでした。そんな言葉が私たちには大きな励みになりました。今の中国では少子化政策が仇になって高齢化が急速に進み、経済にも悪影響が出て、人口政策もすっかり変わりました。

国連が提唱したＭＤＧｓに含まれていた妊産婦死亡率を下げることが、国連人口基金の重要な使命でした。ユニセフでは主に看護師、助産師や村の伝統的な産婆の訓練や田舎にあるPrimary Health Center（保健所）やその出張所を支援していましたが、緊急産科医療ができる郡や県レベルでの病院への支援の経験はありませんでした。産科医や助産師の訓練だけでなく、帝王切開ができる設備や機材、それに麻酔、輸血や酸素の設備まで考える必要がありました。望まない出産を避けることができるように家族計画が重要視されていましたので、家族計画の各種の方法、コンドームや避妊薬の供給、中学校からの性と生殖に関する教育、HIV／AIDSに関する若者への教育などについても学び、物資の調達システムの改善や開発途上国でのロジステックシステムを構築することなどについて教えてもらいました。

二〇〇〇年代はアフリカへの支援が国連にとって重要視され、私もニューヨークからアフリカまで一カ月おきに出張に出ていました。今考えると肉体的にも精神的にも厳しい仕事でしたが五〇代の後半だったので、そのストレスになんとか耐えられました。やはり国連のトップリーダーたちが肉体的にもタフで、よく食べ、よく眠ることが大切だと、よく理解できました。

新事務局長の下で組織改革が始まりました。私は国連人口基金が国連の開発機関であるという認識を高めてもらうことと、国連開発グループの四つの執行委員会のメンバー組織としての役割と責任について広く認識してもらうことが大切に思われました。

国連人口基金のスタッフは産婦人科の医師、公衆衛生の研究者、ジェンダーの専門家、人口学者、外交官などいろいろな分野の専門家たちが集まっていました。そのため、広い開発の知識と意識を高め、他の国連開発機関との協力を強めていきたいと思ったわけです。
また女性や女の子の特別なニーズに応えるために活動をしていましたが、国連の人道援助組織のグループにはっきりと入れてもらっていない状況でした。世界中の紛争や災害で多くの女性や女の子が家を失い、難民になったりして国連人口基金の人道援助活動がますます大切になっていました。組織改革のプロセスの中で、国連人口基金の人道援助での役割をどのように反映させていくかが私の使命になりました。

組織改革で重要なのは、最初にその組織が何を社会的な使命にして設立されたかの原点に戻って、時代のニーズに沿って新たに再確認することでした。そこで行われたことは、スタッフが集まり、二日に亘って協議し、"mission statement"（組織の使命を短い文章で表明したもの）をつくることでした。そこで国連人口基金が国連の「開発機関」である文言を入れてもらいました。そしてカイロで採択されたＩＣＰＤ行動計画に基づいて、全ての妊娠が望まれ、全ての出産が安全に行われ、全ての若者の可能性が満たされるために活動する国連開発機関であることが表明されました。

こういったmission statementの重要性は、企業や教育機関での組織改革の場合でも重要と思われます。創業者や大学の創設者の思いと期待をその時の現実に照らし合わせ、社会に何が求められているかを考えて、これからの使命と目標を設定することが、組織改革の基盤になると思います。私企業も社会的責任を負って、人々の暮らしを良くする使命があります。短期的な利益の追求だけを考える企業は長続きしないと思います。

日本人の弱い点として「戦略的思考に欠ける」と言われたことがありました。私はそういったことの反省と、ユニセフのグラント元事務局長の下で訓練された戦略的に支援活動をする方法に基づいて、国連人口基金のプログラム政策と方法論を再評価し、新たな方向づけをする仕事に取りかかりました。

まず国連人口基金の与えられた使命の重要テーマごとに、関係するスタッフのワーキンググループを設置しました。そこでは国連機関として他の組織にできないこと、また比較有利になる活動は何かを考えました。その中で重要な活動を三つ選んで、どんな戦略と方法で、どのテクノロジーを使い、成果を出すかを考えてもらいました。その成果をモニターするのにどんな指標を選び、どのように評価するかについて討議しました。

当時国連では、ＭＤＧｓ達成のために全ての国連開発機関が協力して活動していました。その中に妊産婦死亡率を下げることが国連人口基金に期待される重要課題になりました。今でも世界中で毎日八三〇人の女性が、出産に関連した問題で死亡していると言われています。その死は主に、貧しく医療設備の粗末な開発途上国で起こっています。産科病院の設置にもお金がかかるうえに機材や薬品の予算も限られ、産科医や助産師のような安全な出産に立ち会うことのできる人材も極度に不足していました。

そこでskilled attendance（科学的な訓練を受けた医師、看護師、助産師、保健師などが出産に立ち会い、産前・産後のケアーもする）の向上、家族計画（望まない出産を最小限にすることによって母親の健康を守り、乳幼児の死亡を防ぐ）、emergency obstetric care（緊急産科ケアー）の三つの活動を国連人口基金の活動の重点的な柱にしました。

出産のうち一五パーセントぐらいは危険を伴う可能性があり、帝王切開ができる人材と設備が必要になります。産中・産後の死亡を防ぐためには治療のための薬品も必要になってきます。そのため、郡や県レベルの病院やプライマリ・ヘルスセンター（保健所で治療も出産もできる所）への支援をしました。私たちの努力を三つの重要な活動に集中させることによって成果を出し、組織の貢献が広く認められることを期待しました。

当時はＨＩＶの感染率がアフリカで大変高く、ＡＩＤＳで死ぬ人が多かったので、国連は危機感を持って世界の安全保障問題として対応を強化しました。国連にはＵＮＡＩＤＳ（国連合同エイズ計画）という組織があり、国連開発機関の関連した活動が競合関係にならないように調整していました。製薬会社とＨＩＶ感染者団体の力が強く、各国の支援は抗レトロウイルス薬の供給に力が注がれていました。大きな資金を持っている世界エイズ・結核・マラリア対策基金、通称Global Fundも、効力を示し始めた抗レトロウイルス薬によるＡＩＤＳの治療に大きな資金を出していました。一度感染して発病すると一生薬を飲み続けなくてはなりませんので、多額の資金が必要になります。

そこで国連人口基金は女性や若者がＨＩＶに感染しないように教育・訓練活動に重点を置き、学校、軍隊、保健省や教育省、青年のＮＧＯと協力して活動をすることにしました。また感染の予防に役立つコンドームの配布にも力を入れました。女性用のコンドームの開発や供給も支援し、女性が自分で身を守ることを助けることにしました。特にアフリカで問題になったのはＨＩＶに感染した年上の男性が若い女の子たちにセックスを強要して、繊細な体を持った女の子たちがＨＩＶに感染していたことでした。携帯電話やハンドバッグなどをもらって、性交渉に同意する女の子が多いと東アフリカや南アフリカで聞いていました。弱い立場の女の子たちに知識を与え、意識を高めて自分を守ることが国連人口基金の大きな使命になり、私も多くの若者の組織の代表に会って話を聞き、彼らの教育・啓蒙活動を支援しました。

大変印象的だったのは、南アフリカの黒人が住んでいるタウンシップのユースセンターでの男の子の言葉でした。そこに来てくれた若者は圧倒的に女の子が多かったので、南アフリカの国連人口基金の事務所長が、男の子たちはどうしているか質問しました。その時、両親がエイズで死亡し、小さな妹や弟の世話をしている友人の話をしてくれました。現状の深刻さを感じたのは、「ＨＩＶに感染しても五年ぐらい生きられる。でも若者や子どもたちが生きるために必要なのは今日と明日の食べ物で、それを確保するために今奔走していてユースセンターに来る暇はない」と言ったことでした。厳しい環境の中で生きている若者たちを支援するのには経済的、社会的な支援が必要であることを痛感しました。

ウガンダの青年の代表に会った時も、「職がなくて困っているので、ＨＩＶ感染予防だけでなく職を与えてほしい」と言われました。そのため、国連人口基金が協力しているＮ

GOには職業訓練や就職支援をやっているところもありました。

今日本で思うのは、新型コロナウイルスを制圧するために政府や東京都が市民に家にいるようにと指示しても、シングルマザーの家庭や日雇い労働者、契約社員の中には職を失っている人もいるということ。明日の生活費にも困っているその方たちがどうやって生きていけるかということです。政府から低所得層に少しばかりの支援は出ることになっていますが、いつものように煩雑な手続きにして給付が遅れています。どうして日本は、イギリスやドイツのような政策で労働者を助けることができないのか分かりません。危機に直面したのに政治家や官僚は平時の対応しか思いつかないのは残念です。PCR検査も非常に限られた状態でGo Toトラベルキャンペーンをするのは非常識に思われます。これでは日本国中に感染が広がってもおかしくはありません。この危機の時にこそ、根本的な政治・行政制度の改革が必要です。保険医療制度も改革しなくてはなりません。若い世代の国民や女性にも大いに発言してもらい、日本を変えていきましょう。

当時はHIV／AIDS感染者や患者に偏見を持つ人が多く、検査で感染していることが分かっていても隠す人が多く、それで感染が広がりました。多くのアフリカ人は感染しているのも知らない人が多かったと思います。また政治の指導者たちもエイズの現実を直視せず、対応の政策を打ち出していない国もありました。怖いものや臭いものには蓋をした方が良いと考える指導者が多かったのには驚きました。ＨＩＶ感染について南アフリカや中国の地方の指導者にも、同じような無責任な人がいました。

抗レトロウイルス薬が出たばかりで、治療に希望が持てなかったからかもしれません。私の会ったイエメンの大統領は「ＨＩＶの感染は近隣のソマリアなどから来ている人の問題で、イエメンの市民の問題ではない」と言い切って、びっくりしたことがありました。現地の国連人口基金の事務所長は、多くのイエメン人が感染しているのを調べて知っていましたし、保健大臣もエイズの脅威に頭を痛めていたのです。私はエイズの問題を大統領と話してほしいと言われていたのです。

国連人口基金は女性のＨＩＶ感染者に対する偏見を除き、彼女たちの権利を守る活動をすることにしました。マラウイに行った時、国連の合同事務所を訪れましたが、すっかり痩せ細った女性職員がいました。誰の目にもエイズ患者であることははっきりしていましたが、彼女は国連の医務官のところに行って無料の治療をしてもらおうとはしなかったという話を聞いてびっくりしました。彼女はエイズであることがはっきりして知られることよりも、静かにエイズで死んでいくことを選んだのではないかと思い、人間の悲しい現実を見た気がしました。またＨＩＶに感染した女性の中には出産したいと希望する人が多くいました。やはり死の危険を感じた女性は、自分の子どもをこの世に残したいと本能的に思うのではないかと感じました。それで国連人口基金は、出産時に母親から赤ちゃんにＨＩＶが感染しないような出産方法を助産師や医師に訓練しました。

エチオピアのアジスアベバでは、ＨＩＶ感染者の女性会議に出席しましたが、自分たちの働く権利や、医療を受ける権利、移動の自由、偏見からの解放など真剣に話し合いました。当時は知識の欠如からＨＩＶ感染者を入国させない国もありました。国連人口基金の良さは、他の組織がやりたくないような繊細で難しいテーマも勇気を持って取り上げ、弱い人たちに寄り添ったことでした。

国連人口基金の事務局次長としての七年間は、私の人生の中でも充実した時でした。国連の開発機関でリーダーシップをとる機会を与えられ、世界中の国を訪問し、国連人口基金の活動を見て回り、政府や大学、ＮＧＯなどのリーダーに会うことができました。地方でも良い仕事をしているコミュニティー・リーダーや州の知事、市長にも会うことができました。国連機関の指導者の一人ということで、開発途上国では大統領、首相、大臣やオピニオン・リーダーたちにも会わせてもらえました。地味に地元でその国民のために働いている国連組織に対する、信頼と感謝を表明していただいたものと感じました。

国連で働く魅力は各国で素晴らしい指導者に会えること、また地元でコミュニティーのために働いている魅力のある女性や若者たちに会えることでした。これは観光で海外に行くのとは全く違う、素敵な経験でした。

第七章　国連のリーダーたちの生い立ちと背景

一九七一年に私が初めてユニセフに就職し、インドに赴任した時に気がついたのは、私の上司たちには若い時ボランティア経験のある人が多かったことでした。特に、第二次世界大戦で破壊されたヨーロッパで、子どもたちに対する人道援助をした経験です。その中にはクエーカー教徒のアメリカ人もいました。人道・博愛・平等を追求する宗教の背景を持った人たちで、インドでも洪水や干ばつで多くの子どもたちが飢えや病気で苦しんでいた時、ユニセフで活躍していました。

世界大戦中に傷病兵の救護輸送に活躍したAmerican Field Service（ＡＦＳ、アメリカ野戦奉仕団）というＮＧＯがありますが、そのような組織で働いて、その後ユニセフがヨーロッパで子どもたちの人道援助活動を始めた時に、その経験を生かしてユニセフに入った人もいました。私の高校の先輩たちも、このＡＦＳという組織の支援で一年間アメリカに留学しました。

アメリカ人の国連職員には、大学卒業後、平和部隊の隊員として開発途上国で二年間経験し、その後大学院で修士号を取ってから国連に就職した人もいます。また日本人で海外青年協力隊の経験のある人も、ユニセフに勤務しています。若い時のボランティア活動が人生を変えるきっかけになり、国連開発・人道援助機関に就職した人も多いです。

私は、二〇代や三〇代に厳しい環境で大変な仕事を経験することが、その後のキャリアにとって大切だと思っています。経験が浅くても仕事を任され、毎日悩み、苦しみながら真面目に働き、同僚からも信頼を得て成果を上げた経験は自信につながります。これは自分の経験だけでなく、インタビューをした現役の国連指導者からもうかがえます。

私はユニセフという良い組織で働き、二七歳の時からインド北部地方の小さな事務所の所長に任命され、仕事を任され失敗を重ねながら成長できたのを大変幸運だったと思っています。

就職先を選ぶのにも、自分の能力開発を支援してくれるような組織かどうかをよく調べた方が良いと思います。また小中学校の時から家庭や学校で、興味のあることを自分でやってみる機会を得ることも重要だと思います。私の場合は、中学校の夏休みの研究で多摩川の汚染を調べに自転車で行ったり、文化祭に写真のスライドを使った劇をつくったり、生徒会の会長をする機会を与えられたことが自信をつけ、リーダーシップ能力をつけることになったと思っています。

私の最初の任地はインドでしたが、その現地事務所のトップはイギリス人のカーター氏で、アジア南部の地域局長でした。イギリス空軍の落下傘部隊の一員としてフランスでドイツ軍と戦ったそうで、その時フランスで出会ったきれいな女性と結婚しました。ユニセフの創設期はUnited Nations Children's Emergency Fund（今はUnited Nations Children's Fund）と言われ、ヨーロッパの第二次世界大戦で痛めつけられた子どもたちを助けていました。それでカーター氏も若い時から権限を与えられ、自分の判断でヨーロッパでも活躍していた経験があったのです。赴任してきた我々若い日本人夫婦を大切にしてくれました。

古いニューデリーの空港でタラップを降りると、土曜日だったので、革のジャンパーを着たカーター氏が迎えてくれました。その次の日曜日は、デリーの名所を自分で運転して案内してくれました。今ではそんな偉い人が入りたての若いスタッフの面倒を見てくれることはめったにありません。彼は自分の若いころを思い出しながら、インドに、またユニセフの仕事に慣れるように支援してくれました。

月一回、私は呼び出され、どうしているかチェックされて助言をもらいました。その当時のユニセフの指導者には、心の豊かさと若いスタッフの世話をする精神がありました。私も彼らから受けた親切の恩返しに、若い国連就職志望の人が私のユニセフや国連人口基金の事務所を訪れた時には極力お会いして、時には一緒にお昼を食べながらお話をしてきました。その若者たちの多くが後に国連機関に入り、世界各地でばったり会う機会が多くあり、嬉しかったのを思い出します。

有能な国連職員を育てるために、家庭環境や教育がどう貢献するのかを考えてもらうために、私が国連人口基金のニューヨーク本部で働いていた時、私の仕事を助けてくれたアーサー・エルケン氏の生い立ちについて触れてみたいと思います。

現在エルケン氏は国連人口基金のコミュニケーション・戦略的パートナーシップ局長をしています。彼はオランダ人で英語の能力が抜群で、私のスピーチの原稿を草稿してくれたりしました。キリスト系の小学校に行ったそうですが、その時の校長先生から英語の勉強について大きな影響を受けたそうです。

父親はリベラルな教師で、夏の六週間の休暇にも西ヨーロッパの観光地には行かず、一九七〇年代にはあまり知られていなかった共産圏のハンガリーやルーマニアに家族を引き連れて行ったそうです。子どもの時から外国を旅行し、社会や文化の多様性を経験させるのは良いことだと思います。

彼の父親はアムステルダムに育ち、戦時中、彼の家族はナチに追われていたユダヤ人の女性を家にかくまったことがあるそうです。エルケン氏が若い時に住んでいたオランダの小さな街では、少数民族の家が火事になって、偏見を持った住民たちがそれを喜んでいたことがあったそうです。その時、彼の父親は地元の新聞に差別をしてはいけないと勇気を持って投稿したと、彼は話してくれました。父親や兄などに影響を受けて社会的な問題に興味を持ち、生き方を変えて国連職員への道を選んだ話は、他の同僚たちからも聞きました。家庭環境が人間形成に大きな役割を持つことを考えさせられます。

エルケン氏は大学では文化人類学を専攻しました。外国の文化に深い興味を持ち、少数民族、開発問題、インドネシアの近代医学と伝統医学も研究したそうです。平和主義の彼は良心的兵役拒否をした結果、兵役の代わりに政府から社会的な仕事を与えられることになり、オランダにある世界人口財団（World Population Foundation）というＮＧＯに勤務することになったそうです。そこで仕事をしているうちに、一九九四年にカイロで開催される国際人口開発会議の準備会が開かれることになり、国連の人口と開発の委員会の要請でオランダから会議の準備を手伝いに派遣されました。そこで会議運営の基本方針などが討議され、エルケン氏は決議案の草稿を書いたりするのに貢献しました。

一緒に働いていた国連人口基金の職員が、彼のその時の討議の内容をよく分析し、各国の代表が受け入れられる決議案の草稿を分かりやすい英語で書く能力を高く評価して、国連人口基金の職員になることを勧めたそうです。世界人口財団もエルケン氏を国連人口基金に送り出すことに同意し、それから現在までバングラデシュやベトナムの国連人口基金の事務所長などを歴任して、幹部になりました。

彼の場合、英語で書いたり、話したりする能力、それに各国から来ている文化の違う専門家たちともチームワークで建設的に働くことができる能力が、国連での就職につながった気がします。英語は仕事をやりながら磨いてきたと言っていましたが、長い間世界に出て活動してきたオランダの語学教育は、私が受けた日本の語学教育よりも抜群に良かったのではないかと思っています。国土の小さなオランダは、国際的な国で、外国語ができないと得意の商業活動ができないことや、フランス、スペイン、英国などにも簡単に旅行できる環境で、島国の日本とは地理的な環境も有利だったと思います。

日本人の国連職員をニューヨークやバンコクでインタビューして感じたことは、地方出身の方が意外に多いということです。私たち日本人国連職員の大先輩の明石康氏は、秋田県出身です。他の方のことを考えてみても熊本県、福岡県、宮崎県、長野県、石川県、静岡県、群馬県、秋田県の出身者がいます。私のように東京都出身の人もかなり多いですが、人口と比較すると少ない印象です。九州出身者が多いのは移民の歴史があり、海外に出るのをあまり躊躇しない伝統があるためのような気がします。

東京の出身者は塾などに通って自然に親しむこともなく、有名大学に入ると就職にも有利で、苦労してまでも契約の不安定な国連で働くことに魅力を感じないのではないかと思います。ただ、東京が有利なのは、外国から国際機関の関係者などが多く訪問してくるので、そのような人たちに会ったり話を聞いたりする機会に恵まれていることです。私も東京でアジア大会があった中学生の時、アジア各国から来た選手たちに会う機会がありました。高校の時には英語部に入っていたので、アメリカ軍基地にあるアメリカの高校生たちと交歓したのが、外国に目を向ける良い機会になったと思います。

また高校や大学の運動部で体を鍛え、精神力を培った人が、開発途上国での勤務で活躍している気がします。多くの国連職員は海外で大学院教育を受け、博士号を持っていたり医師だったりして長い間勉強してきた人たちですが、健康で丈夫な体を持っている人が暑い気候や医療施設の限られた任地で楽しんで働いています。この点で印象的だったのは、バンコクでインタビューをした、ユニセフの平林国彦さんです。

彼は長野県出身で、高校と大学でラグビーをやっていて、筑波大学で脳外科を学び、医学博士になった文武両道の医師です。アフガニスタン、インドやレバノンで勤務し、ユニセフ東京事務所長などを歴任し、現在ユニセフの東アジア・東南アジア・太平洋地域事務所で保健衛生担当の幹部として活躍しています。

もう一人印象的だったのは、バンコクのUN Womenで活躍している日本女性です。彼女は静岡県浜松市出身で、高校と大学で剣道をやっていたそうです。日本的な美人といった印象で、いつも姿勢が正しいのです。本人はコロンビア大学で博士号を取っていますが、国連の仕事では気力と体力の重要性を話していました。運動部にいたことが体をつくり、忍耐力も養うことに役立ったと言っていました。

開発の仕事では、何より健康な体と困難に立ち向かえる精神力が大切です。また人道援助では人間の命がかかっているので時間に追われ、ストレスも多いのです。そんな時にも耐えられる人間が、仕事をうまく進め、リーダーシップがとれることになります。

私自身の人生を振り返った時、まず思い起こすことは、戦中や戦後、私や友達の家庭が大変貧しかったということです。父親の働いていた東芝の工場があった川崎市で、戦争中に産婆さんに助けられて、私は家で生まれました。その後、伊豆の大仁（今の伊豆の国市）に父親の疎開工場ができて、そこで小学校三年まで過ごすことになりました。

母親が着物を持って、農家から食料をもらいに出かけて行ったのをうっすらと覚えています。夕方暗くなっても帰らない母親を、心配しながら妹と待っていたイメージがよみがえってきます。おやつに食べた蒸したさつまいもは好きでしたが、食卓に出る「すいとん」はまずかったのを思い出します。

成長するにつれて、より大きな洋服が必要になっても家には経済的余裕がなく、比較的若かった叔父が少年時代に使っていたカーキ色（国防色）の学生服を着せられて小学校に行きました。すると、級友たちが私に敬礼したりして、からかわれました。それが嫌で、その学生服を着るのを拒否し、袖が短くなった古い上着を着ると言い張り、母親を困らせました。彼女が涙をこぼしていたのが目に浮かびます。町には知的障害者や身体障害者がいて、体の大きな少年が我々小さな小学生を追いかけ回したり、中には手を噛まれたりする子どもがいて怖かった思い出もあります。

しかし、育つ環境として良かったのは、戦後少しずつ自分たちの生活が良くなり、将来に希望が持てるようになったことです。そんな経験が後に開発途上国で働くことになって、少しぐらい嫌なことがあっても楽観的に考えるようになったことにつながっていたと思います。また、テレビもゲームの無い時代でいつも川や山の中であそんで自然に親しんだことでした。学校から帰ると釣り竿とミミズを持って川にフナを釣りに行きました。夏はセミや蝶々を追いかけていました。おもちゃがなかったので自分のナイフで木の枝を使ってチャンバラ用の刀を作ったりしました。貧しくても結構楽しい少年時代でした。

食糧がない時でも、学校給食で出た鯨肉の揚げ物も結構おいしかったし、みなが嫌がるアメリカから来た少しかび臭い脱脂粉乳でできたミルクも、ハラペコの私には大して気にはなりませんでした。栄養不足で背は低く、検便をするとお腹に寄生虫がいっぱいいて、時々寄生虫の駆除が学校であったりしましたが、なんとか育ちました。当時寄生虫がいたことは、アレルギー症にならなかったことに貢献していたようです。

不思議なのは、そんな問題の多い時代に育った小学生の私は、「人生とははかなしいものだ」と思っていたことです。二カ月おきに麻疹、百日咳、水疱瘡と、子どもがよくかかる感染症を幼稚園でもらってきて、家で寝ていたことを思い出します。予防注射がない時で、そんな病気に少しずつ打ち勝って育ってきたのだと思います。ただ、小学校の友達や近所の子どもがジフテリアや破傷風にかかって亡くなってしまいました。

貧しさゆえに社会には問題も多く、親は大変だったと思いますが、子どもの私にも生きることの大変さが理解できたのだと思います。後になって私は、「小学校三年でものの哀れを知った」などと友人に言っていました。子ども時代の経験は、南アジアやアフリカにユニセフの勤務で赴任した時、その国の貧しい農民や子どもたちに共感できることにつながった気がします。

ユニセフや国連人口基金で活躍している女性たちのお話を聞いていると、賢明な父親や母親の影響が大きかったのを感じます。特にイスラム教国のパキスタンやサウジアラビア出身の有能な女性たちの背後には、世界情勢を理解し、娘の教育と社会進出を後押しする父親がいたことが分かります。

また英国人やアメリカ人が教えていたミッション・スクールの西欧的な教育が、若い女性の意識を高め、海外で指導力を発揮できるレベルまで英語力を高めた気がします。明治時代にアメリカに留学した津田梅子氏や同時代の日本女性たちが、日本での女子教育や社会進出に貢献したことを思い起こします。

一七歳でノーベル平和賞を受賞したマララ・ユスフザイさんを強力に後押ししたのは、教育者の父親でした。女性としての可能性を信じ、意識を高めて男中心で封建的なパキスタン社会と戦ってきました。彼女が危険を犯して女の子の教育を広めるための運動を起こした勇気と意識の高さには感心しますが、父親の励ましが大きな力になっていたはずです。日本で現在活躍している男性の背後には聡明な母親がいた気がします。少し変な子どもで社会的にははみ出ている息子でも、本人が興味のある事を追求するのを励まし、後に社会貢献する人間に育てています。母親の力も子どもの生育に大変大切です。

現在ユニセフで活躍しているインド出身の女性の話を聞くと、母親の支援が大きかったのが分かります。彼女の母親は中学を終わった一六歳で結婚させられ、高校にも大学にも行けなかったそうです。そんな悔しい思いは娘にさせたくないという気持ちで、娘に良い教育を受けさせる努力をし、自宅から離れたデリー大学の大学院にも出してくれたそうです。彼女は裕福な家庭で育ち、インドの貧民の現状などあまり理解がなかったそうですが、インドの国連人口基金事務所に現地の専門職員のnational officerとして就職し、差別されている少数民族や低いカーストの女性たちの支援をし、調査をしているうちに貧困と格差の問題に目覚めたとのこと。それからは国連人口基金のベトナム事務所やニューヨーク本部で働くことになったそうです。今はユニセフの本部で要職についています。

日本の女性たちの話を聞いていると、今では娘たちを積極的に留学するのを助け、職業を持って社会貢献するのを応援する母親も多くなっています。しかし、一昔前までは自分の娘を所有物のように考え、自分の墓守りをさせようとした自分勝手な母親、娘の幸福やキャリアをよく考えてくれなかった母親もいたようです。せっかく娘に機会が訪れても、その機会を奪って自分の手元に置き、また結婚が人生の全てであるがごとき考えを押し付けた母親も多かったのではないでしょうか。そういう点でも、母親の教育と意識は大切です。賢明な母親になるための家庭環境と教育が重要なことを強く感じます。

現在、日本女性の教育水準は高くなりました。しかしそれに相応した政治的、社会的地位はまだ低く、国際的に恥ずかしいレベルにとどまっています。幼児の時から差別をせずに、高い意識を持って生きることを教えていくことが大切です。それによって日本の経済や社会の発展が可能になると思います。

第八章　グローバルリーダーを育てる教育

二一世紀の有能なグローバルリーダーを育てる教育について、近年大学や財界の指導者の間で議論が盛んになっているのは歓迎すべきことだと思います。私がアイデアを共有できる人は、経済界のリーダーに多い気がします。例えばＤｅＮＡ会長の南場智子氏、伊藤忠商事の社長・会長、中国大使を経験した丹羽宇一郎氏は、どのようなリーダーが求められ、どのように育てたらいいか自分の経験をもとにはっきりとした考えを持っている気がします。文科省や大学や高等学校でもいろいろな教育改革の試みが行われていますが、いまだに長期的なビジョンや戦略ははっきりと打ち出されていない気がします。

福沢諭吉が言っていた「国民一人一人が独立自尊」の精神と生き方を身につけるには、どんな教育が必要なのか。自分で考え、分析し、自分の意見を持ち、それを他人に分かりやすく伝える能力はどのように培われるのか。日本の若者の英語能力がアジアの国の中でも低いのを考慮し、日本の英語教育をどのように大幅に改革するかなど問題が山積しています。

生徒や学生が変わるためには、まず教育関係者や先生が変わらなくてなりませんが、文科省や教育委員会の指導者の頭は古く、自分たちや組織の既得権を失わないように、大きく変えることには抵抗を示すのではないかと気がかりです。開発途上国でユニセフの仕事を通じ、教育省の人たちと一緒に働いた経験がありますが、保守的な人が多かったのに驚きました。

まず家庭での子育てから変えていくことが大切だと思います。この点では、私は妻に任せ切りで父親としては失格だったと思います。世界的に見ると日本は女性の地位が低く、女性自身が権利を主張し政治に参加するのを躊躇しています。男性も女性に対する態度の点で問題がある人も多く、パワハラやセクハラのケースがまだ多い気がします。子どもは、小さい時から男の子も女の子も平等に扱って、子どもの自主性と想像力を育む家庭環境をつくってあげることが大切です。正義と公平を大事に考え、異文化の子どもたちと仲良く遊ぶような機会も与えてあげることが大切だと思います。

ニューヨークのユニセフ本部で勤務していた時、娘に"Papa, you are not fair!"と言われたのを思い出します。そう言われてよく考えてみると、確かに自分の意見を押し付け自分が間違っていたのに気がついたことがありました。

日本の子育てで良い点は、母親との関係が密で、赤ちゃんが精神的に安心感を持って成長できることです。しかし最近は母親に対して周りからのサポートがなく、自信がない母親が多いようです。精神的にも不安定になり、赤ちゃんにそれが伝わって安心感が薄れているのではないかと心配です。子どもの時に安定した愛情豊かな環境に育った子どもは、成長して、たとえ治安の悪い困難な環境で仕事をしたとしても現場の同僚たちとも協力して、リーダーシップを発揮できるのではないかと思います。

男の子の場合は母親とベッタリで、なかなか独立できないでいると、孤独に耐えられない人間にならないかと心配です。自分のことを考えても、男の子は母親から離れて自分で独立して生活することが成長に不可欠だと思っています。その点では中学や高校からでも寄宿舎のある学校に行くのは、独立心を養うのには有効と思われます。日本では「可愛い子には旅をさせよ」ということわざがあります。男の子でも女の子でも親の元で甘やかさないで、外に出していろいろ経験させることが、子どもにとって良いことでしょう。

国連や外資系の会社では、セクハラに対して厳しい対応をしています。女性に偏見を持った国連職員がセクハラやパワハラ行為をして大きな問題になったケースがありました。ヨーロッパにある事務所で、女性職員の肩に触って揉むような仕草をした職員がセクハラで訴えられたと聞いています。また酒癖の悪いロシア人の職員が中央アジアの国で会議に出た後、酔って女性職員にセクハラをしたとか、アフリカの国で現地の事務所長がセクハラをして大問題を起こし、首になったなど聞いたことがあります。

育った環境や社会通念が違っていても国際的に通用するジェンダーに関する繊細さや認識を持つことが、グローバルリーダーにとって大切です。これは子どもの時から培われなくてはなりません。

一方、非常に威圧的な権威主義の父親に育てられた女性で、自分が管理職に就くと父親のような振る舞いをする人もいました。子育ては父親が良いロール・モデルになることが大切でしょう。

最近、日本の英語教育や入試における英語の試験が問題になっています。私が日本で受けた英語教育を振り返ってみても、相当無駄な時間を過ごしてきたと感じます。高校の英語の授業では、教科書にある難解な文学書の一部を一行一行、一生懸命に翻訳することに費やしてきました。低い英語力の私たち高校生に対して、大学の専門家が訳すような文章を教材にしているのが理解できません。辞書を引きながら想像力をたくましく働かせて当たる順番を気にしながら授業の準備をしたのが思い出されます。そんな低い英語力しかなかった私はアメリカの大学に入り、初めは授業がよく分からなくてノートも取れない状況でした。ただ良かったと思うのは、文法の知識だけは、日本の高校で結構得ていたことでした。それで頻繁に提出しなくてはならなかったエッセイなどの文章では文法的な間違いをたくさんしないで済んだと思います。

私の通った都立西高校では、英語の短編小説の入った副読本を読む授業があり、東大の大学院の学生が講師として教えていました。サマセット・モーム、モーパッサン、アントン・チェーホフなどの短編小説を英語で速いテンポで読み、生まれて初めて英語で短編小説を読む楽しみを知ったことも良かったと思います。量を読んで英語に親しむことも大切です。

私たちは翻訳者や通訳になるつもりがなければ、翻訳の技術などを習得する必要はないと思います。私は高校卒程度の日本語と国連で働ける程度の英語の知識はありますが、通訳はできません。たまにユニセフの現場で日本人グループの訪問があった時など通訳をさせられましたが、もたもたして無能さをさらけ出してしまいました。その点、プロの女性の通訳専門家の能力は抜群です。

和訳中心の英語教育はやめた方がいいと思います。それより英語で書く能力をつける方が大切だと思います。読むこと、書くこと、話すことをバランス良く勉強すべきです。

言葉はそれだけで存在しているわけではなく、その言葉が使われている国の文化や知識を反映しています。書いたものを見ると、その人の知的水準が分かることもあります。どんな言葉や概念を使っているか、論理的な文章になっているかなどを見るとその人のことがかなり理解できます。ちょっと流暢な英語を話していても、カッコばかりつけて内容のないことをペチャペチャと話していたのでは、かえって知識人たちに軽蔑されます。

最初にニューヨークのユニセフ本部で勤務していた時、我が家の子どもたちは国連国際小学校に通っていました。小学一年生の息子がフランス語の授業があるというので、何をしているのか聞いたことがありました。フランス語の文字を習っていたのだと思いますが教材は塗り絵でした。その他にみんなでクロワッサンをつくって食べる授業がありました。

語学の授業というよりは、楽しみながらフランス語やフランス文化に触れていたような印象です。国連小学校のような多言語、多文化、多人種の環境では、生徒たちの持っている多様性を認識し尊重することを、言葉や食べ物を通じて学んでいたのかもしれません。

私は高校や大学ではフランス語とスペイン語を少し勉強しましたが、結局国連では使い物になりませんでした。大学では英語で十分悩まされていたので、その他の言葉で他のアメリカの学生に授業でついていくのが大変でした。ただ、寓話や小話を読みながらそれまで知らなかったスペイン文学の豊かさを知ることができたのは良かったと思います。アメリカの大学だったのでイギリスやアメリカの文学や思想書を原文で読み、クラスで他の学生と英語で議論をしたのはとても良かったと思います。

外国語に弱い留学生ということで、英文学のキセイン教授が特別に英語の試験をしてくれました。その時与えられたテーマは「マリリン・モンローの死」で、それをテーマにした文芸評論文を読まされ、自分なりのエッセイを書きました。芸術と死という観点からヘミングウェイの自殺と比較したものやモンローに対する憧れの気持ちから書かれたいろいろな文章を読みました。これは私にとって興味深い宿題と試験で、今でもこのテーマには関心を持っています。良いテーマを与えてくれたキセイン教授には感謝しています。キセイン教授は私に英語の詩を読むように勧めてくれました。英語が母国語ではないので語感が分からないことが多く、今でも詩を読むようにしていますが理解に苦しむことが多いです。

私の都立西高校の同級生である藤原正彦氏は、文藝春秋二〇二〇年新年特別号に「〝英語教育〟が国を滅ぼす」という文章を投稿しています。確かに文科省が考えている入試における英語の扱いや日本の英語の授業のあり方については大いに問題があり、改革が必要です。しかし英語の表現を使うと、「赤ちゃんをお風呂の水と一緒に捨てるのはやめた方がいい」のではないかと思います。日本語の教育をしっかりやるのは大切で、それには時間をかける必要がありますが、二一世紀の日本人がグローバルリーダーになるために高度の英語の能力は必須条件だと思います。

古典をよく読み、教養をつけることは、社会で活躍するリーダーを育てるのに大切だと思います。しかしまだアングロサクソン文化が強く影響力を持っている世界において、英語と英米文学や思想、それに社会科学などを英語の文献で読む力はリーダーにとって必要です。

ＩＴ関連や自然科学の文献の多くは英語で書かれていますし、全てを日本語だけで情報収集はできなくなっていると思います。経済学の翻訳本を読んでいると概念に適切な訳語が使われていないので理解できないことが多く、英語の経済学の本を読んだ方がよく分かります。経済学の入門書は英語で書かれた教科書の方が丁寧に易しく説明されています。

本を読まなくなった日本の大学生は、時間があっても自主的には古典をあまり読まないのではないかと懸念しています。私は自分の経験から、日本の将来の指導者を育てる大学の学部では「リベラル・アーツ」教育を徹底的にやった方が良いと思います。大教室で教授が古典について持論をとうとうと述べて、学生はせっせとノートを取ってそれを暗記するのではなく、一六人ぐらいの少人数のクラスで思想、文学、歴史などの日本や世界の古典を読ませディスカッションをさせて、学生に自分で考え、意見を持ち、同じクラスの学生と討議することによって智を深めることが大切です。そういう教育をしないと、世界から集まってくる専門家たちとチームワークを組んでリーダーシップをとることは難しいでしょう。その点では日本で国際教養大学や国際キリスト教大学（ＩＣＵ）が社会で認められているのに希望が持てます。

私が今注目している大学教育は、アメリカのエール大学とシンガポール国立大学がシンガポールでジョイントしているリベラル・アーツ教育です。自然科学、社会科学、人文学、芸術など幅広く関連した分野を学生に勉強してもらい、アジアにおける将来のリーダーを育てる努力をしています。そのため中国、インド、イスラム圏と西洋文明を代表する文学や哲学の古典を読むことを必須にしています。

私が受けたアメリカのリベラル・アーツ教育は西洋文明の古典を読むことが中心でしたが、シンガポール大学はアジアの古典にも力を入れています。多様性のあるアジアで指導者になるために、人間が直面している問題を自分で考えるcritical thinkingの能力、自分の分析や意見を他の人によく理解してもらうためのコミュニケーション能力をつけるための幅広いプログラムを組んでいます。もちろん自然科学の勉強には力を入れています。リベラル・アーツの教育をしっかりすることで、良き世界市民とグローバルリーダーの育成を目的としています。

ここで勉強して大学院に進んだシンガポール、香港、中国、インド、韓国出身の人たちが日本にある多国間企業でも活躍する時代が来ると思います。現在九〇〇〇人の学生が世界六〇カ国から来ていて、シンガポールらしい多様性のあるグローバルリーダーを育てる先端的な大学教育をしている印象です。

カリキュラムを見てみると、全学生が読むべき本のリストが挙げられています。文学や人文学の分野ではインドの長編叙事詩『ラーマーヤナ』、ホメロスの『オデュッセイア』、ヘロドトス、司馬遷、ボッカチオの『デカメロン』、『千一夜物語』、魯迅の『狂人日記』、アイリーン・チャンの『傾城之恋』、アッ＝タイーブ・サーレフの『北へ還りゆくとき』(Season of Migration to the North) などが入っています。哲学や政治思想史の分野では墨子、孟子、荀子、荘子の中から教授が選んで読ませているようです。私たちも高校時代に漢文の授業で習った書物もあります。プラトンやアリストテレス、インドの韻文詩『バガヴァッド・ギーター』、イスラム哲学者のイブン・トゥファイル、ハンナ・アーレント、ホッブス、ガンジーの思想など多彩な本を読ませています。これからはインドや中国、インドネシアなどの国で働く日本人も多くなると思いますが、日本人のグローバルリーダーにも基本的な教養を身につけてもらいたいと願っています。

文科省は大学教育の政策で自然科学だけに力を入れて、社会科学、人文学、芸術などをないがしろにしている印象です。それでは人間にとって大切な問題解決に大した貢献ができないばかりでなく、人間の福祉の向上と幸福の実現にも、あまり貢献が期待できません。イノベーションはアメリカ、中国、台湾、シンガポールなどで起こり、日本は新製品の部品工場で終わり、日本国民一人当たりの所得も今の韓国以下の状況から脱することはできなくなることになります。

若い世代の日本人労働者には、昔のような真面目さと勤勉さは期待できないうえに、得意な職人としての技術も後継者不足で少しずつ消えていくのではないかと心配です。多くの日本人にとって技術を習得する職業訓練教育は大切です。そのための自然科学や工学、プログラミングの勉強は大切です。しかし学生の五パーセントぐらいはグローバルリーダーになるための教育と経験を積み重ねることも大切だと思います。そのための教育システムの構築が必要です。有能な教員や研究者を世界中からどうやって集められるか、そのための資金をどうするか、どんな理念とビジョンを持って有能な学生に来てもらえるか、もっと真剣に考える必要がありそうです。それでないと優秀な日本人学生は海外の大学に行くことになりそうです。現在世界中でウェブ授業が普及しています。それにより日本にいても世界中から良い教授を動員し、インターネットを活用して授業をやる可能性が身近なものになっています。

日本人だけではなく世界のリーダー候補たちには、留学の経験は必須だと思います。国際教養大学では一年間の海外留学を義務づけているそうですが、これは大変良い方策だと思います。アメリカの評価を得ているリベラル・アーツ大学の学生も、三年生の時に海外に留学している人が多くなっています。私が客員教授として教えていた関西学院大学総合政策学部の学生も、三年生の時に海外の提携大学や開発途上国のＮＧＯにインターンに出かけて行きました。帰ってくると見違えるような変化があります。アメリカの大学に一年間行ってくると英語で自分を表現する能力が素晴らしいレベルに高められます。私のクラスで、流暢な英語で自分の留学経験を話してもらいました。中国の一流大学に留学した学生も、中国語を磨いただけでなく、休み中に現地の日本企業にインターンに行って、中国のビジネスや社会の現状をよく観察し経験して帰ってきました。留学の教育効果は抜群で、若い時に経験することの重要性を強く感じます。

倫理観と哲学を持ち、人間力と魅力のある人間を育てるのが、大学の使命だと思います。大学の四年間で自分はどう生きるべきか、どのように社会と関わり合っていくか、他人をどのように愛し、責任を持って生きるかなど、生きるための根本的な問題を考える大事な時だと思います。その時、遊んでいたのでは一生後悔することになります。

古典を読むということは、自分が考えているようなことを先人はすでに考えていたことを発見し、それを学ぶ意味は何かを考え、自分の生き方を決める参考にすることだと思います。同時に大学時代は、一生の生活を豊かにする芸術やスポーツを身につける良い機会だと思います。

大学はできれば全寮制にして、無駄な通学の時間を図書館で勉強したり友人たちと人生や恋愛を語り合ったり、好きなスポーツに思い切り打ち込める時間にしてあげるべきです。また奨学金制度を充実してバイトに使う時間も少なくできるといいでしょう。キャンパスの施設も充実させ、勉学に専念できる環境をつくってあげるのが社会の義務だと思います。

第九章　人生哲学と愛すること

大学四年間で重要なのは、自分がどう生きるかを考え、自分の人生哲学を持つということです。自分と社会とのつながりをどのようにしていくのか、他人を愛するということはどういうことかを考えることだと思います。そのための哲学、文学、歴史学、政治学などの勉強が大切になります。古典を読むことによって今まで人間が何を考えてきたか発見できます。そしてさまざまな考え方がある中で、自分はどんな哲学、生き方を選ぶかが大きな課題になります。大学時代に遊んでしまう学生が日本では多いようですが、欧米の良い大学の学生はよく勉強しています。コロンビア大学の東アジア研究所で客員研究員をしていた時、中国人の女性の教授による中国文学のセミナーに参加させてもらいましたが、そこに来ていた中国人学生の英語力と知的水準の高さには感心しました。日本の大学生が他のアジアの大学生に後れを取らないように大学時代によく勉強してもらいたいと思います。

私の学生時代には「実存主義」が流行していました。ジャン＝ポール・サルトルの『実存主義とは何か』（L'Existentialisme est un humanisme）という評論を読んで、これが自分の考えに近いことを知りました。高校卒業までの日本の家庭や学校教育で培った倫理観、漢文で習った中国の歴史観や哲学には影響されて育ちましたが、宗教には興味があっても信じるものは見つかりませんでした。それで一見混沌とした世界ではっきりした客観的な頼れる価値観がない状態で、自分は自分の哲学と人生観を持たなくてはならないと思った次第です。

その時読んでいたのは、フランスの作家アルベール・カミュの『ペスト』でした。彼の淡々とした文体で、アルジェリアのオラン市で医者や市民、それに訪問者が協力してペストの蔓延に立ち向かう物語が自分はどう生きるかについてよく考える機会を与えてくれました。特に物語に登場するベルナール・リウーという医師の自分の倫理観に従ってやるべきことをやっている姿が私の心に響いたのだと思います。大義名分ではなく医師としてペストで倒れる市民を静かに支援する姿に自分を重ねてみたのかもしれません。それから、理由はなくても人間としてなすべきことを淡々とすることが、自分にとって大切な生き方だという信念を持つようになりました。それがヒューマニズムだと思っています。

学生時代に影響を受けた本の中にエーリヒ・フロムの『愛するということ』と『自由からの逃走』があります。

アメリカの大学にはデートの習慣があり、キャンパスで行われるダンスやスポーツのイベントにも女子学生を誘って行かなくてはなりませんでした。恥ずかしがり屋でデートに慣れていない私にとっては面倒で苦痛な慣習でしたが、カウント・ベイシー（アメリカのジャズピアノ奏者）のジャズバンドが来たりしたので、断られることを覚悟しながら電話で女子学生を誘ったこともありました。そのうち好意を寄せてくれる人もいて、女性との付き合いをどうするべきかを考えるようになりました。その時に大変参考になったのがフロムの『愛するということ』でした。

日本の男性は、女性に愛されたいという欲望がある人が多い感じがします。しかしフロムは主体的に愛することの大切さを教えてくれたと思います。積極的に愛すれば、相手もそれに応えてくれることも多いはずです。人生に冒険を求める私は、自分が猟師になったつもりになって本能的に好きと思える女性に勇気を持ってアプローチすることにしました。そういう機会は人生でそれほどありませんでしたが、そんな時でも誠実に付き合ってきました。結婚する準備ができていない時がほとんどでしたので関係は続きませんでしたが、それでもその後も良い友達の関係は続いていました。
結婚したのは一時的に日本で働いていた時にデートをして好きになった一人です。ある意味では女性との関係は、自分と社会との関係です。女性とうまくいかないのでは社会ともうまくいかないのではと思っていました。それで責任を持って誠実に女性と付き合うことによって、より豊かな人生になったと思います。結婚して子どもができると、子どもたちが自分に幸福をもたらしてくれることも発見しました。

私の人生にとって大きな政治的な出来事は、高校生で経験した安保闘争でした。まだ世の中のことがよく分からない時でしたが、何かナショナリズムのようなものを感じ、またちょっぴりエリート意識もあって高校生のグループのデモに参加しました。後で考えると、日本にとって不利なアメリカとの安全保障条約を改正するのは正しかったと思いますが、当時はアメリカに従属した関係を憂え、事によったらまた日本に全体主義の時代がやってきて日本が戦争に巻き込まれるのではないかと心配していました。ただ国際政治の現実を理解していなかったので、高等学校の講堂で安保の集会があった時、壇上で感情的なことを口走っていたのを思い出します。結局、安保条約は改定され、岸首相が退陣して終わりました。その経験がきっかけで、アメリカに行って国際政治を勉強することを決めたのだと思います。

もう一つ生涯の研究テーマになったのは、なぜ日本国民は軍部の暴走を許し、勝てない太平洋戦争に突入することになったのか、なぜ当時の日本の指導者の多くはその悲劇をもたらしたことに責任を取っていないのかということでした。自分の心の中では、日本はまた間違った道を歩み、国民が大きな犠牲を払うことがあるのではないかという不安がありました。戦前の軍人が悪いだけではなく、日本の社会には全体主義を生む地盤がある気がしていました。今でも自民党政権が長くなると、嘘と忖度で日本の統治を我が物顔に続ける傾向があります。世界ではポスト・全体主義が見られ、偏狭なポピュリズムや国家主義が横行していますが、現在の日本も十分気をつける必要があると思っています。

留学時、政治学の授業では、なぜドイツで比較的民主的なワイマール共和国の憲法の下でナチが台頭したかということをテーマにして論文を書きました。幸い大学の図書館にはいろいろな関係書物や論文がありました。ドイツで発禁になっているヒトラーが書いた『我が闘争』の英語版もあり、読んでみました。

また、ドイツの中産階級の下の層の人々が経済不況になり、彼らの小さな商業活動が悪化している中で、金融業などで利益を得ているユダヤ人を恨むようになり、民主的な政治制度の中でナチズムの運動を支援するようになった過程を調べました。日本でも、戦後の経済復興に落ちこぼれていた人々が不安を感じ、グループで精神的にも助け合う新興宗教に流れていったことに注目しました。エーリッヒ・フロムの『自由からの逃走』やハンナ・アーレントの『エルサレムのアイヒマン：悪の陳腐さについての報告』が、我々普通の市民がしっかり意識を持っていないとユダヤ人などの少数民族の虐殺や全体主義への参加を許すことになる危険性を常にはらんでいることを教えてくれました。この問題は今でも大きな関心を寄せているテーマです。

中学生の時に見ていたＮＨＫのテレビ番組に『日本の素顔』という番組がありました。私が知らないところで貧しい人たちがどっこい生きているということ、経済成長には歪みがあり、新しい社会問題が出てきたこと、貧富の格差や不平等が顕著になったことなどを知るようになりました。

未来のリーダーには、中高生の時から政治や社会問題についての意識を目覚めさせることも重要ではないかと思います。社会科の先生や両親の役割、それに積極的に新聞を読ませることも家庭での教育として望ましいでしょう。

今はボランティア活動が盛んです。そんな活動を通して社会の現実に触れ、理解を深めることも良いと思います。アメリカの私立大学にはそういった経験をして意識を高めた学生を評価して、将来の指導者候補として入学選考の一要素としています。

私の場合、アメリカの私立大学が奨学金を出してくれたのは、高校生の時から政治意識が高く、デモにも参加した経験などをエッセイで素直に書いたことが評価されたのではないかと思っています。私を勉強させてくれたグリネル・カレッジは広い心を持っていて、アメリカの支配に反対してデモに参加した日本の高校生に奨学金を出して迎えてくれました。そんな大学が他にも多くあるのを願っています。

第十章　変化する世界で組織改革をリードする使命

世界は激しく変化しています。経済が上向きで株価も少しずつ上がっていると思っていたら新型コロナウイルスが世界に広がり株も暴落し、日本の経済成長がマイナスになりました。オリンピックの開催が延期され中止になる可能性も大きく、日本の経済が大きな打撃を受けることになりました。組織のリーダーは短期的な危機に対応するだけでなく、中期的、長期的な世界の経済的、地政学的な変化を考え、組織や経営戦略を変える必要があります。人間や社会の価値観が変わり、今までの仕事のやり方を根本的に変える必要が出てきました。

また大きな多国間企業になると一〇年、二〇年の人口動向、アメリカ、中国、インドなどの国の貿易・軍事・経済の静かな長期的な変化を考えて、どこで生産をし、どこに投資したら良いか、どの会社を買収し、提携関係を結んだら良いかなどを考え、組織や他企業との連携の大きな改革を進めなくてはなりません。また世界の変化に対応し、これから必要になる新しい人材を確保し、社員の再教育をする必要も出てきました。グローバルリーダーにとって大切なのは日々のマネージメント業務だけではなく、世界的な環境の変化に対して前もってどう組織改革をしていくか、経営戦略を変えることにどうリーダーシップをとるかだと思います。

明治時代の日本の指導者には、日本の将来あるべき姿を思い浮かべ、そのビジョンを実現するための道や方法についてしっかり考える人が多かったと思います。しかし今の日本の政治家や官僚には未知の世界を想像し、新しいビジョンを打ち出して国民を引っ張るようなリーダーが少ないような気がします。危機が起こっても毎日の短期的な対応に追われ、忙しく働いていますが、いつも後手後手に回ってしまい、問題解決を長引かせている気がします。

これは国民性でもあり、また変わりゆく世界に対応できないでいる教育の質にも原因がある気がします。先例にこだわり、手続きばかりを考えていると、枠にはまった発想しかできなくなります。それでは危機に対応する思いがけないアイデアは生まれません。はっきり決まっている製品を効率的に勤勉につくる労働には長けていても、イノベーションを起こし、未知なる世界に突入できる人材が少なくなってしまったのは残念です。

日本では年寄りがいつまでも政界や財界で権限を握っていて、既得権をしっかり守って離そうとしないのにも問題がありそうです。時代の変化には若者の方が敏感に反応する能力があると思いますが、古い組織では若者はなかなかイニシアチブをとらせてもらえません。組織が長い間培った文化というものは簡単には変わりません。リーダーたちが昔の成功体験ばかり追っていたのでは、アメリカ、中国、台湾、韓国などの起業家精神が豊かで早い決断ができる指導者の率いる企業に先を越されてしまいます。日本の銀行も、危ないと思われる新事業の企画には資金を出さないので、日本の若い起業家たちは海外に出て行くことになります。

国際機関ではトップが代わる時、transition teamという変革の方向づけをする小集団が外部の専門家を交えて構成されることがあります。今までのマネージメントの問題点を洗い出し、将来の世界の要請により効果的に対応できる組織づくりを考え、新しいトップに提案します。それが受け入れられると、実施段階でもチームの一部のメンバーが関わることが多いのです。メンバーの中には将来を嘱望されている中堅の職員が入っていて、その人たちも組織改革を推し進める大きな力になります。

国連機関のトップのリーダーたちは政治的なポストで仕事をしていますので、事務局長が代わると他のリーダーも代わります。それで改革をするのに抵抗する力は緩和されます。ただ問題点としては、国際公務員としての中立性が損なわれる危険性があり、組織に悪影響を及ぼす場合があります。年功序列で歯磨きのチューブを押すように新しい社長や副社長、取締役が中から出てくるのでは古い組織の文化は変わりません。政治家も三代に亘る家業になっていて、全く違う社会的な背景から有能な指導者を生むことが難しくなっています。小選挙区制にも問題がありそうです。政権が時々変わるのは政治家に緊張感が生まれますが、今の制度だと嘘と忖度の政治とそれを支持する官僚制度はなかなか変わりそうにありません。

組織のトップが代わる時は、その組織が生まれた原点に戻って考えることが大切だと思います。その企業や組織の社会的な使命は何であったか、創立者の夢とビジョンは何であったか、どんな分野や技術で秀でていて他の企業にはない特徴や比較有利な点は何であったかを社員や職員がみんなで考えてみることも重要です。

そして組織の社会貢献と使命は何であるかを再認識し、新たなmission statementをみんなでつくることが、組織改革をうまくやっていくのに大切です。戦後、日本は有能な創業者を多く輩出しました。ホンダ創業者本田宗一郎氏、ソニー創業者森田昭夫氏や井深大氏、パナソニック創業者松下幸之助氏などが思い浮かびます。松下氏の言葉に「企業は社会からの預かりものである。従ってその事業を正しく経営して、社会の発展と人々の生活の向上に貢献するのが当然の務めである」というのがあります。松下氏は自社の社会的役割をはっきり自覚していました。私企業も社会に対する責任があります。全ての企業の経営者が噛み締めるべき言葉だと思います。

私の働いていたユニセフや国連人口基金では、節目ごとに組織改革が行われていました。ユニセフに就職して三年ぐらい経ったころと思いますが、改革を支援してくれているコンサルタントが私の任地のインドにやってきました。その一人がスウェーデンのルンド大学の経営学のレンマン教授で、彼の知的な仕事ぶりに感心したのを覚えています。

当時、ユニセフの事務局長は、二代目のアメリカ人のラブイーズ氏でした。組織が少しずつ大きくなっていて、アメリカの私企業の経営方法を導入して効率を良くしようとしていました。私は新米でしたが大学院で開発行政を勉強していましたので、組織改革には大変興味を持っていました。またその時、州政府とユニセフが提供した物資が保健所や学校にどのように配布され、使われているかをチェックしたり、農村水道のための機械や物資が計画通りに使われていたかをモニターする仕事をやっていた関係で、レンマン教授は私が働いていた北部の町チャンディガーにも来てくれました。その後、私は誰もやりたがらないユニセフインド全体のロジスティックを含めたプログラム・オペレーションの責任者になり、その分野でユニセフの改革のワーキンググループに入れてもらい、ニューヨーク本部での会議にも出席させてもらいました。

レンマン教授は当時、アメリカで大々的に通信販売をやっていたSears, Roebuck & Co.（シアーズ・ローバック）に注目。そこに世界中に物資を供給していたユニセフの事業に取り入れるべき経営方法があるのでは、と考えていました。ユニセフはデンマークのコペンハーゲンに大きな倉庫を持っていて、物資の備蓄をしておいて災害や紛争があるとそこから世界中に物資をすぐに送っていました。

通信販売のSearsは、消費者に便利な商品のカタログをアメリカ中に配布し、販売を増やして利益を上げていました。また扱っている商品が買える大店舗を各地に開いていました。

インターネットのない時代でしたが、ユニセフもコンピューターを導入して在庫管理をしていましたので、どんな物資がどのくらい倉庫にあるかすぐ知らせてもらい、インドで大洪水があった時、人道援助が始まるとユニセフのコペンハーゲン事務所が私の仕事を助けてくれました。また分厚いカタログもあって、現場の事務所のスタッフには便利でした。ユニセフは国際機関ですが、私企業から学ぼうとする意欲がありました。その後ユニセフが改革を試みる際、アメリカの大手のコンサルティング会社が社会貢献の一環として、実費でユニセフの組織改革を助けてくれました。

私がユニセフや国連人口基金の組織改革で貢献しようとした項目を挙げると、現場主義を徹底させて、現地の事務所長やスタッフの判断や権限を尊重すること、事務所のパフォーマンスをモニターし、評価するためにできるだけ数値化すること、本部には現場経験の豊富なスタッフを置いて国レベルの事務所の活動を効果的に支援すること、実質的な成果を上げるために仕事には優先順位をつけて重点的に活動することなどです。

一般的に本部にいる人は、治安が悪く家族の生活環境も悪い開発途上国に出るのに抵抗を示します。またニューヨークの本部に勤務することは国連の外交の場に近いこともあって、自分のキャリアにとっても有利と思っている人も多かったと思います。そんな組織の

内戦後のカンボジアでユニセフは国連機関として真っ先に支援を始めました。手作りのバスが走っていましたが屋根が壊れそうで心配でした。

文化を変えるのは難しい面がありました。

　ユニセフの現場主義の伝統は、私がインドやバングラデシュで働いていたころ、現場の経験のある若いスタッフが共有した価値観でつくり上げた良い組織の文化だと思っています。私がバングラデシュで、ユニセフの新しい五カ年支援計画をつくるのにリーダーシップをとっていた時、ニューヨーク本部の上司やバンコク地域事務所の上司たちがみな、私の判断を尊重して、国際協力のプロとして支援してくれたことを大変感謝しています。

　その時のcountry programingのモデルが、後にユニセフ組織全体で採択され、国連開発機関全体に広がりました。国連開発チームが政府と一緒につくるUnited Nations Development Assistance Framework（UNDAF）に影響を与えることになりました。

過去に日本の軍隊や政府、企業の組織がうまく動かないために日本国民はひどい目にあってきました。近代戦を知らない軍人が司令官になり、戦場から逃げ出したりしても責任を取らないようなことが許されていました。ビルマで多くの日本人兵士を死に追いやった司令官も戦後、責任感も罪悪感もなく堂々としていました。最近では津波による原発事故で多くの国民を不幸にした東京電力や経産省、原子力安全・保安院の指導者たちも責任をとることもしないで、「想定外」という言い訳で逃げています。武士道の伝統がまだ生きているはずの日本でなぜこんなことが今でも起こっているのでしょうか。組織の文化は変わることがないのでしょうか。

日本の政府が新型コロナウイルスの対応で無能さを国民に示しましたが、この危機を契機に根本的な改革が必要です。危機管理能力のなさを是正するためには、どんな政治改革と行政改革が必要か、今国民を動員して考えるべきです。

また県知事、市長、それに地方公共団体の役割の重要性がはっきり認識されるようになりました。県や市の行政能力を強化するのが防災や危機管理に重要なことが分かります。今の政治を見ていると、ポスト・全体主義に見られるように嘘と忖度で政権が維持されています。政治家の倫理はどうなってしまったのでしょうか。忖度する官僚たちの社会的責任はどうなってしまったのでしょうか。

戦後日本の官僚たちは、経済復興と経済成長のために大きな貢献をしてきました。国家公務員として政権が代わっても中立な役割を果たして堅実な政策を提言し実行してきたと思っていましたが、いつの間にか首相官邸主導の政治に振り回されて、嘘を言い、忖度をしながら自分の身を守るばかりの倫理観の薄い国家公務員になってしまいました。政治体制や官僚制度の改革が必要ですが、果たしてどうすれば良いのでしょうか。

日本の統治構造は簡単には変わりそうにありませんが、それでも国民が高い意識を持って政治に参加し、個人がインターネットやNGOなどを通じて自由に発言していれば、日本の民主主義制度がより成熟し、政治的な変化が期待できます。女性と若者の政治参加が大切です。国民生活の向上は彼らの積極的な政治参加なしには実現できません。小中学校の子どもたちから選挙の大切さや政治参加の重要性を教える必要があります。
今の政党政治は当選を重ねた高齢の政治家たちに支配されているのが問題です。若い世代の有能な政治家が輩出するのはいつのことになるのでしょうか。また女性の政治家の質の問題があります。日本は女性の政治進出が世界に大きく後れを取っていますが、閣僚になっても失策を犯す女性の政治家が多いのも残念です。

国連でも、政治的な要請から新しい機関ができてもうまく機能しないで資金も集まらず、活動があまりできなくなった組織があります。そんな組織はどんどん潰せばいいと思いますが、開発途上国の政治家や外交官の天下り先になっていたりして組織の解体に反対する政府があります。日本でも行政改革は時々進められていますが、省庁の数が減って人員や予算が削られても、組織の持っている権益を手放すこともなく、大きな質的な改革の実現にはなっていない気がします。大学などにも定員に満たない評判の良くないところがありますが、文科省からの助成金が滞ることもなく存在し続け、国民の税金の無駄遣いになっている気がします。予算の使い方について国民がもっと目を光らせ野党議員も国会で問題提起をすべきだと思います。与党や野党の指導者には日本の統治機構の改革にもっとリーダーシップをとってもらいたいと願っています。

たとえ未熟な民主主義制度でも国民が積極的に政治に参加し、制度に新しい意義を持たせていくことが大切です。そのためには政治に対する不信感を表明するのではなく、自分の住んでいる町の女性、お母さん、若者、商店主などの小さなグループ活動を通じて、自分たちの権利を守り、社会を良くしていくために政治的な力をつけ、自分たちの仲間から市議会、県議会に人を送るようしたら良いと思います。それによって知事、市長、国会議員の選挙にも大きな力を持つことができると思います。

地震、津波、火山の噴火、新しいウイルスや細菌の出現は必ずまたやってきます。人類の叡智を信じ、危機に対応する準備をしなくてはなりません。今回の新型コロナウイルスの対応には国際協力が必須です。どこかにウイルスが蔓延していては、ウイルスや病気を撲滅することはできません。今の日本の対外政策を続けるだけでは問題解決にはなりませんん。他国との協力が必要です。国際協力の組織やメカニズムにも大改革が必要で、そのための運動に日本も積極的に参加すべきです。

第十一章　グローバル・マネージメントの特色

新型コロナウイルスが世界に蔓延している間は国境が閉ざされ、貿易量もすっかり少なくなり自由貿易の流れが止まってしまった感がありますが、長い間続いていたグローバル化の動きは止まることはありません。ウイルスの撲滅には国際協力の必要性を強く感じるようになり、批判を受けているＷＨＯの評価も変わってくると思います。自国だけでは解決できない問題が多くあり、国連やその他の国際機関の役割も再認識されるでしょう。

これからも日本の企業が、原料や部品で他のアジアの国々に依存して生産することは続き、また多くの日本人が海外で働くことになると思います。私も、インドネシア、インド、バングラデシュ、アメリカ、タイ、パキスタン、ナイジェリアなどに赴任して現地の人たちと一緒に働いてきました。特に国際協力の分野で働く人たちや商社、多国間企業に勤める日本人は、人生の大部分を海外で過ごすことを覚悟した方がいいと思います。赴任国はそれぞれユニークな社会と文化を持ち、その構成員である市民たちは日本とは違う価値観と人間関係を持っています。そこに私たち外国人が入って経営をするのですから、誤解や揉め事が起こるのは当然といえます。

私はパキスタンやアフリカのナイジェリアでユニセフの事務所長をやった経験があります。その時気がついたのは、私の秘書が他のスタッフと現地の言葉で話している時、私のことをBara Sahib（バラ・サハーブ）やOba（オバ）と呼んでいたことでした。私の耳に響く言葉のイメージとしてはパキスタンの封建的な地主やナイジェリア・ヨルバ族の酋長です。民主的で進歩的な国際機関の現地事務所長像を伝えたいのに、それとは違うのを感じました。ユニセフの現地事務所とはいえ、職員の八五パーセントはその国の人であることを考えると、これはもうやむをえないことだと思いました。

国連開発機関で働くということは、国連に対する忠誠が大事であって、事務所長に対する忠誠は必要ないといつも言っていましたが、赴任当時はどれだけ理解されていたのか分かりませんでした。私たち日本人の国連職員は、出身国の日本の利益のために働くのではなく、国連憲章と国連の理念に対する忠誠心を持って働いてきました。それが国際公務員としての使命です。

インド、グジャラート州。少数民族の素敵な少女たちが材木を積み上げる重労働をしていました。

開発途上国では多くの部族が存在し、出身地によっては違った宗教や文化を背景にして育った人がいて、事務所内での人間関係は複雑な場合があります。

例えばナイジェリアの南西部ではイギリス植民地時代の影響を受けたヨルバ族が商業などで活躍しています。キリスト教徒が多く、教会で牧師のお説教を聞いて育っているので、知識人の英語のスピーチ能力には感心させられます。広報関係や庶務や秘書の仕事、それに運転手には地元のヨルバ族出身者が多かったと思います。ビアフラ戦争があった南東にはイボ族がいて、この地方からは真面目でよく働く職員が会計や経理の分野で活躍していました。北部にはイスラム教徒のハウサやフラニ族がいて、おとなしい人が多いですが、政治手腕があって政治指導者を多く輩出しています。ナイジェリアには民族紛争の歴史がありますが、事務所内では協調をして一緒に仲良く働いている様子でした。

ナイジェリアは治安が悪く、家族と一緒に任地に来て働いてもらうのが大変です。それでもイギリス、オランダ、スリランカ、インド、パキスタン、フィリピン、それに南米からも経験のあるユニセフのスタッフが来てくれました。子どもの教育に頭を痛めていた女性職員や病気の家族に十分な医療を与えられないで苦労していた国際スタッフもいて、仕事が大変なうえに家族と生きていくのにも問題の多い生活でした。現地には日本人学校もなく、私の息子も英国の寄宿舎のある学校に入れたり、妻は間質性肺炎になり、治療のためロンドンの病院に入院したりしていました。

住んでいたラゴスという大都市ではよく停電があり、軽油がなくなって事務所で使っているディーゼル車が使えなくなったり、発電機が動かなくて事務所のエアコンやコンピューターが使えなくなったりしました。それで事務所長としての私の大切な役割は職員が働ける環境をいかにつくるかということでした。

ある時は国連機関がトラックの護送隊を組んで隣のベナンという国に行ってもらって、軽油をドラム缶に積んで買ってきてもらったりしました。途中で武装強盗団に襲われて軽油を略奪されるのではないかと、ラゴスに帰ってくるまで心配でした。また困った時はラゴスのアメリカ大使館の軽油の備蓄を分けてもらったこともありました。

いくら口で自分の経営理念や政策を話しても理解してもらうのは難しいものです。人事や予算に関する政策決定に透明性を持たせ、スタッフの意見を聞きながら自分の経営哲学に沿った判断をしました。なぜそのような決定をするかの説明も丁寧にすることにしました。バンコクの東アジア地域事務所の次長をやっていた時、私の有能なタイ人の女性秘書が昼休みに食堂で、私の考えを代弁して同僚に話してくれていたと聞きました。話すことと自分の行動が一致しないと信用してもらえません。特に人事が公正に行われているかは全ての職員がよく見ています。スタッフの採用やそれに伴う昇進は、ルールと決まったプロセスに沿って透明性を持って行う必要があります。ルールやプロセスははっきり文書化して、それに沿ってみんなに分かるようにする必要があります。"Justice must be seen to be done."（正義はそれが分かるように行われなくてはならない）と言われていましたが、自分で正当性のある決定をしていると思っていても、それを他の人に認めてもらわないと意味はないということです。

パキスタンやナイジェリアでは、有能な現地の専門家（national officer）を広く公募して採用することができました。そのスタッフの多くが後に国際スタッフとしてアフリカや中近東、それにアジアの事務所でも活躍しました。パキスタンやインドで同僚だったnational officerには、アフリカのナイジェリアに来てもらったこともありました。中には中東の地域局長にまでなった優秀な人もいました。

人事に関してはえこひいきをしないことが重要です。開放的で公正な人事をすることがグローバルリーダーには求められています。日本企業の現地事務所では、事務所長が自由に人事をやりたいために採用や昇進のプロセスやルールをはっきりさせないという批判があったのを聞いたことがあります。また現地雇いの優秀な人材が、その企業の本部で働くことや、他の国の事務所の幹部となる道が閉ざされているところがあると、言われています。それでは日本企業には良い人が集まらないので、他の国の企業に競争で負けてしまうことになります。現在、商社の本部などでは外国人が上級ポストで働いています。中小企業も、国際化を推進してイノベーションをもたらす人材を、世界から雇って競争力をつける必要があります。

新しい任地に赴任すると、国だけでなく事務所も変わるので未知の世界に入ります。しかしすぐに事務所長としての責任がのしかかってきます。サインしなくてならない文書が机に置かれますが、その背景がよく分からないことがあります。よく見ないでハンコを押すような感じでサインをすると、後で重大な責任を負わされることもあります。分からないことはよく聞いて説明を受ける、また国連規定はマニュアル化されていることが多いので疑問がある時はその規定を読むことにしています。特に物資やサービスの調達に関しては汚職の可能性があるため、下から上がってきた書類について、どういうプロセスで規定に適合した方法で提案されているのかを吟味する必要があります。

おかしいと思って調べてみると三回に一度は違反行為が見つかると思って仕事をしてきました。コモンセンスで分かることも多かったです。

日本の組織では稟議制で、多くの人が印を押して責任の所在が分からなくなっていることがありますが、国際機関などではサインする人の責任がはっきりしていて、間違いが起こると責任を取ります。場合によっては解雇になる覚悟が必要です。汚職の場合、私企業ではその国で刑事責任を取らされて、自分のキャリアを台無しにする可能性もあることを肝に銘じなくてはなりません。

ユニセフの大きな現地事務所では二年に一度、会計監査チームがやって来て支援資金の使い方、支援物資の調達や保管、事務所のマネージメントなど一、二カ月かけて現場で調べて現地の事務所長や本部に報告します。マネージメントについて改善することも提案してくれます。汚職があるのを嗅ぎつけると、有能な鬼検事のように徹底的に調べます。お金がどう動いたかを調べるために関係したスタッフや親戚の銀行預金や支出まで銀行の協力を受けて調べます。

大変残念なことですが、開発途上国出身の人の中には、国際水準の高い倫理観がなく、親戚や周りの人からの圧力で、何もないサービスに対してお金を支払った人がいました。頭のよい人だったので解雇されてもったいないと思いましたが、ユニセフでは汚職に対しては厳しく対応しています。あるアフリカの事務所では事務所長が汚職に関与し、そこの職員も真似をして悪いことをして事務所の八〇パーセントのスタッフが解雇されたとも聞いています。その事務所を管轄している地域事務所の局長も監督責任を問われ、解雇されました。

私もナイジェリアで、ユニセフが輸入したヤマハの五〇ccモーターバイク一〇〇台が税関で盗まれ、その時は責任を取らされて辞めなくてはならなくなると思ったことがあります。ナイジェリアは治安が悪く、汚職が当たり前のように行われているので、気をつけて仕事をしていました。バイクのような一台一〇万円もするような物資をナイジェリアに持ってくる場合、一度に一〇〇台、二〇〇台も送らないように本部に頼んでいましたが、船賃が安くなるので私たち現場の要望を受け入れてもらえませんでした。

雇ったばかりの若い職員が、船荷証券が事務所に届いたのを見て、免税の書類を偽造して税関の職員と結託して盗むことにしたようです。幸いにもバイクはまだ組み立てられていなかったので、警察と保健省の努力で半分は取り返すことに成功しました。バイクは、村を巡回して予防注射をする保健師や看護師が使うことになっていたのです。私は事件が発覚した時、すぐに本部に報告しました。法的には、物資が港に下ろされると政府の責任になることや、ユニセフが一般的な保険に入っていることなどで、私の責任が追及されることはありませんでした。問題が見つかるとすぐに本部に報告するのは大切だと思います。日本人はまずいことが起こると隠したり、そのままにしておいたりする傾向がありますが、国際機関ではそれは許されません。本部もナイジェリアが難しい国であることはよく理解をしてくれていたと思います。

パキスタン、マンセラ地方の山岳地帯。時には完成していない道を移動。ユニセフと地方政府のドライバーと。

政治が不安定で治安の悪い国では、長期的に自分の人生を考えられない人が多い気がします。それで目の前に金儲けの良い機会がやってくると罪を犯してもそれに飛びつく傾向があります。ナイジェリアには、植民地時代に部族間の紛争に負けた人々が、アラブの商人の仲介で奴隷としてヨーロッパやアメリカ大陸に売られていった歴史もあり、日々の生存を確保する必要があったのかもしれません。とにかく生活力のたくましさには感心させられます。もし地球に異変が起こったら、生存できるのはアフリカの住民のような気がします。困難にもめげず、たくましく生きているナイジェリア人の生命力には感服しました。また身体能力の高い人も多く、一人ではとても運べないような家具も、我が家で庭師をしていたジョンは軽々と運んでくれました。

私の事務所ではトヨタのランドクルーザーを数十台使っていましたので、その部品をナイジェリアの地方にある四つの地域事務所でも保管して、保守や修理をしながら使っていました。その部品が少しずつなくなっているとの報告を受けました。職員の不正は厳しく対処するルールの下、みんなに信頼されているスタッフ三人でチームをつくり、関係者をインタビューし、しっかり捜査をして報告してもらいました。その報告書を事務所の人事委員会にかけて議論をしました。運転手の一人が部品を盗んだのがはっきりしてから、私は彼を解雇しました。決められた手続きに従い、透明感を持って、みんなに分かるように人事決定するのが大切です。

住んでいた首都ラゴスでは、選挙が近づくと道端に首のない死体が転がっていたこともありました。解雇した職員が恨みを持って、少しばかりのお金で殺し屋を雇って私を殺すことなど簡単なことでした。私も同じ運命を辿ることになるのではと、ふと思ったことがあります。

日本の組織の中には「臭いものには蓋をしろ」というような傾向があって、問題が大きくなるまで対応しない所があります。問題は初期の段階で芽を摘むのが大切だと思います。私はむしろ煙が少しでも出た気がしたら、火があるか確認することにしていました。都合の悪いことは絨毯の下に隠すような経営者は、開発途上国では失敗します。私はむしろ、絨毯を剥がして何が隠されているかチェックすることにしていました。

おかしいと思う時は、ルール違反や不正が行われていることが多いと思った方がいいでしょう。問題解決に消極的で即断ができない経営者は問題を引きずり、汚職や経営上の問題を助長させてしまいます。全て後手後手に回り、問題が大きく複雑になってからでは手遅れになります。

汚職を防ぐためには、マネージメントのトップが経営の問題点をよく見ているという印象をスタッフや外部の関係者にも与えておく必要があります。そのため、会計監査が入らない年でも自分たちで問題がありそうなところを監査して、仕事のやり方や規則を改善していく必要があります。旅行業者、文房具や事務機器を納入してもらう業者、援助支援物資の調達先などとの関係が透明性を持って国連のルールに沿って選ばれているのかなど、時々精査する必要がありました。

そこで私が導入したのが“self-auditing”という方法です。自分の事務所の予算を使い、定評のある会計監査会社の助けを借りて、少し弱いと思われる分野の会計監査やマネージメント・コンサルティングを受けることにしたのです。本部の会計監査部の人にはこれに対して批判する人がいたようですが、まず自分たちで不正を防ぎ、マネージメントの改善に努めたことが後でユニセフのbest practices（最善の措置）として認められ、文書で残ることになりました。「必要は発明の母」と言われますが、厳しい経営環境からは新しいアイデアが生まれることが多いものです。

日本でも開発途上国でも、国際スタンダードに沿ったマネージメントを実施することが求められています。会計制度も国際スタンダードで決められ、国連もそれに沿って会計監査を受け、各国政府に報告しています。まず決められたルールや法律に従って経営をすること（compliance）、透明性を徹底させること（transparency）、国民や政府、それに株主に対して責任を持って経営すること（accountability）を常に考えながらマネージメントをする必要が、どんな企業でも組織でも求められています。投資会社や基金などはＥＳＧ(Environment, Social, Governance)、すなわち環境、社会的貢献や統治の観点から会社の活動を評価しています。ダメな企業には投資しないようにしていますので、そのことに考慮して経営しないと資金の調達も難しくなり、株価も下がることになります。日本の組織には国際スタンダードを無視し、傲慢な態度で昔ながらの経営をしているところが残っていますが、それでは国際競争に負ける結果になるでしょう。経営改革は、日本のあらゆる企業や組織で求められていることに留意する必要があります。

第十二章　大切な危機管理能力

グローバルリーダーにとって一番大切なのは、危機管理能力だと思います。

世界には安全な所などありません。日本は安全と思っていたら東日本では地震、津波と原発事故で多くの人が被害を受け、たくさんの命が失われました。中国からは新型コロナウイルスが入ってきて感染者が増え、死亡者も大勢出ました。新型コロナウイルスは国境を越えて世界中に蔓延してしまいました。世界各地では紛争が絶えず起こって、日本の企業の社員やジャーナリストも巻き込まれ、死者も出しています。世界中で治安の悪い国が増え、犯罪に遭う日本人の観光客やビジネスマンも多くなりました。日本や世界各地で働く全てのリーダーには、自分の組織の職員やコミュニティーの市民を保護し、危機が訪れた時、命や財産を守ることにリーダーシップを発揮する義務があります。

私たちが直面した新型コロナウイルスがいかに私たちの健康を脅かし、社会と経済に大きな打撃を与えているか。その危機に対して各国のリーダーや企業のトップはしっかり対応してきたでしょうか。中国共産党の指導者は、新たな感染症の発生の情報を隠して自国内ばかりか、各国の対応を遅くして感染を広めてしまいました。

日本人もまた、都合の悪いことは見ないようにし、様子を見ながら対応を引き延ばす傾向があります。

危機管理は最悪の事態を想定し、初動を大胆に行う必要がありますが、私たちにはそういうことを避ける傾向があります。それに比べ台湾は、以前経験したＳＡＲＳ（サーズ、重症急性呼吸器症候群）、ＭＥＲＳ（マーズ、中東呼吸器症候群）や新型鳥インフルエンザの経験を踏まえ、中国の武漢で新型コロナウイルスによる肺炎が発生しているとの情報を得ると、すぐに行動に移しました。感染者の動向を素早く市民に知らせて新型コロナウイルスによる感染症が広がるのを抑えるのに成功しています。韓国も過去の感染症の経験に基づいてＰＣＲ検査体制をいち早く確立し、広く検査を実施するのに成功しました。それにより感染患者のデータが広く市民と共有され、ウイルスの拡散を抑えるのに成功しています。

それに比べ日本政府の対応は遅れました。厚生労働省のクラスター対策班は、我が国のＰＣＲ検査能力が限られていること、感染者の受け入れ体制が完備している病院が少ないことなどを考え、初期には感染者のクラスターを潰すことに戦略を置き、この時点では感染者数を抑えるのにある程度成功しました。幸い感染者の数は、初期の段階ではイタリアやスペインのような急激な上昇を見せませんでしたが、感染者の広がりを把握していない状況では政策決定が難しく、対応が遅れ、その後感染者の増加を許してしまいました。感染ルートが分からない感染者が新たなクラスターを増やし、院内感染が増えました。検査を意識的に遅らせていると思われていましたが、これは政府の失敗の原因として考えられます。

ＰＣＲ検査を民間や大学・研究機関に委託して広く検査をすることによって、感染者を早く隔離し感染の拡大を抑えることができたはずです。治療する施設の不足と院内感染もかなり防げたはずです。病院はなぜもっと早く発熱外来を設置しなかったのか理解に苦しみます。多分財政的にも人材的にもひっ迫した病院には余裕がなかったのかもしれません。人の命をないがしろにする政府や役所は許されるものではありません。政府や東京都が病院の感染者収容能力を増やすための資金を十分に手当てしないで病院は経済的に破綻状態に追い込まれ、命をかけて感染患者の世話をしていた医療従業者への給与やボーナスまで減らしてしまいました。危険に直面した看護師には仕事を辞めた人もありました。

また以前のコロナウイルスの蔓延から十分学んで備えていなかったのが残念です。この点では韓国や台湾の方が賢明でした。知人であるＷＨＯのテドロス事務局長も"Test, Test, Test"と言っていました。感染していても症状がなかったり軽い人は、自宅やホテルでじっとしていたり、あまり使われていない宿泊設備や閉まっている病院の設備を使ったりして、大きな病院や地域病院への負担を軽くすることはできたはずです。その点では和歌山県、大阪市の初期対応は現実的で、評価されるべきです。

世界の新型コロナウイルスに対応する指導者の動向を見ていると、女性の方が危機管理にリーダーシップを発揮し、市民に対する思いやりと迅速な政策決定をしているのに気がつきました。ドイツのアンゲラ・メルケル首相、台湾の蔡英文総統、ニュージーランドのジャシンダ・アーダーン首相の発言や行動が特に印象的でした。それに比べ、アメリカ大統領は判断が遅く、自分の行動の遅れを中国とＷＨＯのせいだと言って、大国の指導者とは思えない未熟な行為をしていました。自分の大統領再選のためにはアメリカ市民の命を犠牲にしても良いと思っているのではとの印象を世界に与えました。ブラジルのボルソナロ大統領も経済優先の無責任な行動で多くの市民が感染し死者を出しました。日本では閣僚たちが経済への打撃を心配し、及び腰で市民にはっきりとした行動指針を与えるのに時間がかかりました。そのため、大阪府の知事、東京都知事それに北海道の知事の方がしっかりとしたリーダーとしての印象を深めました。

国連開発機関や人道援助機関は治安の悪い国や地域での仕事が多く、職員は常に危険にさらされています。いざという時にどう行動するかを決めておくことは大切だと思います。それで安全確保のための政策や行動指針などをマニュアル化し、職員の訓練をして非常事態に備えています。また最悪の事態を想定して初動を早く行うために、危機が迫っている時はcontingency plan（緊急時計画）をつくって備えていました。

ニューヨークで勤務していた時、鳥インフルエンザが蔓延し、国連での通常業務ができなくなるのを想定して緊急時計画がつくられました。それによると、国連の職員はなるべく自宅でインターネットを使って仕事をすること、どうしてもやらなくてはならない任務はニューヨークを離れて隣のニュージャージー州に事務所を移して仕事をすること。コンピューターのサーバーは遠く離れたアリゾナ州に置くこととありました。本部には最小限のスタッフを置き、当時独身だった私は国連人口基金本部の事務所に寝泊まりして、危機に対応することなども計画に盛り込まれてありました。ニューヨーク市も緊急事計画をつくり、街の歯医者さんにも協力してもらって感染者の治療にあたってもらうことになっていました。幸いにも危機的状態にはならず、感染が下火になったので、私は事務所で寝泊まりする必要はありませんでした。

日本の指導者は「想定外」と言って責任逃れをする人がいますが、大地震や津波、原子力発電所事故、テロやサイバー攻撃で発電所、電車、通信施設が使えなくなり、住居はなんとか持ち堪えても電気や水道が止まることは「想定内のありうる出来事」です。地方自治体では防災の計画や訓練を積極的に行っているところも多いですが、原発事故に対する備えは貧弱です。初動が迅速に行われるためには起こりうる事故や危機に対して予め想定して、対応の計画を立てておくことが重要です。

日本人の心の奥には、災難はいずれ過ぎ去っていくという期待があって、最悪の状態を考えることを躊躇する傾向にあります。事態が悪くなってから事を起こしても、遅すぎて効果がありません。disaster preparedness（災害に対する準備）は日常的に考えておくことが重要です。個人や家庭での備えの他に組織、市町村、国レベルで、いざという時に備える必要があります。リーダーは必要最低限の備蓄をして職員の意識を高め、訓練をする必要があります。

私は国連勤務中、いろいろな経験をしてきましたが、リーダーとして反省すべきことも多くありました。

パキスタンの首都イスラマバードで、勤務中に地震がありました。めったに地震が起こる所ではなかったので、スタッフは慌てて階段を下り、外に出たようです。私は日本で小学校の時から地震に備えて訓練を受けていましたから、慌てず机の下に入って揺れが収まるのを待ちました。鉄筋コンクリートの建物で四階にいたので倒れることもないし、じっとしていた方が良いという判断でした。しかし、地震に慣れていないオーストラリア出身の職員がいて、階段を踏み外し、足をくじいてしまいました。地震に備えて訓練をしておけば良かったと思いました。皮肉なことに私は、地震になっても建物から逃げなかったということで「勇気のある事務所長」ということになったと聞いています。

ナイジェリアのラゴスの事務所は、政府が提供してくれた古いアパートの建物を使っていました。建物の電気配線がお粗末なのにエアコンやコンピューターなどの事務機が使われていたので、一階の階段の近くにある配電盤が燃え始めました。周りに燃えるものはなかったのですが、太い電線が切れるまで火花を出しながら燃え続けました。慌てた女性のスタッフの中には、階段を使うのを怖がり二階から飛び降りた人がいたそうです。幸い怪我もなかったのですが、慌てると人は何をしでかすか分からないということに気がつきました。

火事になっても電線に火がついていたので水をかけるわけにはいきません。みんなで見ているような状態でした。私は事務所の運転手たちに車についている消火器を持ってきてもらい、消火活動をしました。少し時間がかかりましたが、電線が燃え尽きて鎮火しました。火災に対する訓練をしてこなかったことを反省したものです。この経験から、その建物を事務所として使うのは危険と感じ、渋る本部の部長と喧嘩腰で予算をつけてもらい、安全な建物を借りてそこに移ることになりました。ユニセフ職員の命を危険にさらすことはできません。その時の私は事務所長として頑張ったことを思い出します。

アメリカ同時多発テロ事件の時は、国連人口基金のニューヨーク本部に勤めていました。

ニューヨークのマンハッタンにいながら、事件が発生した時は何が起こっていたか分かりませんでした。事務所にはビデオのモニターはあっても、テレビは事務局長の部屋にしかなかったのです。私の秘書が最初に教えてくれたのは、どうやらヘリコプターがマンハッタンの最高層ビルのワールド・トレード・センターにぶつかったということでした。そのうち、彼女の友人が事件のあった近くで働いていたので旅客機がビルに突っ込んだことが分かり、みんなで事務局長の部屋に集まり、テレビの中継を見ていました。近くにいながら、日本でテレビを見ている人と同じ情報しか入ってこないのを異様に感じました。地下鉄も止まったという情報が入ったので、事務局次長だった私は帰路の安全を確認するまでは事務所にいるようにと指示を出しました。国連本部のビルもテロの標的になる可能性がありましたが、私たちの建物は少し離れたところにありました。

それでも職員たちは家族のことが心配なので、なんとか帰ろうとします。少し離れたクイーンズやブルックリン地区に住んでいる職員は、六時間も七時間もかけて歩いて帰りました。そのようなことがあってからは、スニーカーを事務所に置くようになり、通勤はスニーカーで歩く人が多くなった気がします。私は最後まで事務所にいて、みなが帰宅してから街に出ました。私が住んでいたマンハッタンの北の方に行くバスは動いていました。

誰も乗っていないようなバスでスムーズに帰宅できたのは意外でした。

その後、事故の現場に行くことはありませんでした。そのビルで国連職員の研修があったり、日本から来たお客さんを案内して見晴らしの良いレストランで夕食をとった思い出がよみがえりました。三〇〇〇人近い死者が出たことを思うと、現場に足を運ぶことができませんでした。

事務所内では黄色い細かい砂のようなものが窓の隙間から入って、焦げ臭かったのが印象的でした。また住んでいた近所の地下鉄の駅には、夫の消息をたずね、彼の写真と子どもと自分の写真を貼っていた女性の姿に胸を痛めました。そのような多くの写真やメッセージを書いた紙が地下鉄の駅やグランド・セントラル駅にも張り出され、家族を破壊した悲劇を強く感じました。

ニューヨークからの電話やインターネット通信が一週間ぐらいできなくなり、日本にいた息子にも連絡できませんでした。本人は大変心配したそうです。

大都市の意外なもろさを見せたのが、二〇〇三年のニューヨークの大停電でした。私は外部の会合に出ていて急に停電になり、そのビルだけの問題と思って回復を待っていました。でも、かなり待っても電気が復旧しないので会合が中止になり、外に出ました。どうやら広範囲で停電のようだと感じました。携帯電話基地の電源が切れて、携帯で情報を得ることもできませんでした。事務所に戻ったものの、エレベーターも動いていないので警備の人が事務所に入れてくれませんでした。国連ビルの地下に小さな自分の車を置いていて、行くとガレージは真っ暗。マンハッタン中部の道では交通信号が動いていないために車の渋滞ができていました。

仕方なく我が家まで歩くことにしました。家の中は真っ暗ですから、住民は外に出てテーブルを出し、ビールを飲みながらおしゃべりをしている、そんな光景が目に入りました。さすがにニューヨーカーは苦難にもめげず生活を楽しむ術を知っていると感心しながら北へ歩いていました。途中インド人の店に入って水を買ったり、トイレにも行きたくてバーに入ってビールを飲んだりしましたが、暗くてトイレは使えませんでした。携帯はダメでも公衆電話は使えるようでした。でも、肝心の二五セントの硬貨がなくて、友人にも電話ができませんでした。

やっとアパートのビルに着きました。エレベーターが動かないので三二階まで階段で上がることになります。ビルには発電機があり、小さな電灯は三階に一階の割合でついていましたが、足元が暗くてとても階段を上れません。幸い、ろうそくを持った女性が来たので、何人かで彼女についていきました。一〇階ぐらい行くと、彼女は自分のろうそくを上の階に行く人に渡して、そのリレーで私はなんとか三二階の自分のアパートに汗びっしょりで辿りつきました。

水が止まるのが分かっていたので、とりあえずシャワーを浴び、少しばかりの飲み水を確保しました。家の電話機は電気がないと使えないモデルです。電話もできませんし、テレビも見られませんでした。それで古い電話機を捨てたのを悔いた覚えがあります。

技術が進歩して便利になりました。しかし、電気が来ないと全ての機器が使えなくなります。神戸で住んでいたアパートも現在住んでいる東京のアパートもオール電化で、停電になるとペットボトルの水があってもお茶も沸かせません。それで鍋物用の卓上コンロは常備して、好きなコーヒーぐらいはつくれるようにしています。今のアパートも二七階で、高齢者になった今、階段を上って我が家に着けるか心配です。

ニューヨークの私の住んでいた地区で停電が回復したのは、一〇日ぐらい経ってからでした。その間は電気が来ていてエアコンが使える友人のアパートに短期間お邪魔したりしてしのぎました。当時アメリカとカナダ全部で五〇〇〇万人が被害にあったそうです。

現代社会では新たな技術に頼って生活しています。反面、何か重大な事故が起こると社会が意外にもろいのを実感しました。アメリカ同時多発テロの時は、世界貿易センターに携帯のアンテナがあったのでビルの崩壊とともに私の携帯電話が使えなくなりました。国際電話回線も破壊され飽和状態になって、日本との連絡もできなくなってしまいました。また大停電が起きても同じ問題が起こります。

それで、通信手段を携帯電話だけに頼るのではなく、なるべく複数の手段を持つことが重要だと痛感しました。

ナイジェリアのような治安の悪いところでは、携帯電話の他に超短波を使ったＶＨＦ業務用簡易無線機を持って歩いていました。これは任地の国連機関で働いている国際スタッフ全員に与えられていて、国連開発計画の事務所に基地が設けられていました。治安関係の情報を共有し、また事故や武装強盗団などに襲われた時に使いました。発信すると通信機をオンにしてある職員全員にメッセージが伝わります。

また三〇〇キロぐらいは届く、もっと強力な通信設備も、事務所やトヨタランドクルーザーに長いアンテナをつけて使っていました。首都だけでなく、地方の都市に地域事務所があるので、電話が使えなくなっても有事の連絡に使えるだけでなく、危険な地域を移動している時でも車に乗っている職員と連絡ができて助かりました。

国連人口基金では事務局次長として世界各国を歩きました。通信が難しい地域もあるので、非常用に衛星電話機を与えられました。一分一ドルかかるため、非常時だけ使うようにと言われました。

東日本大震災で、海岸の小さな町や市が通信不能になり、支援の物資が届かなくなりましたが、非常用の衛星電話を準備しておくべきだったと思います。

通信手段があることの重要性を特に感じたのは、ユニセフのアフガニスタン事務所のデンマーク人スタッフがハイジャックに遭った時でした。国連の支援物資護送団の一員としてトラックで移動している時、途中で武装組織に襲われ、不法に支援物資やトラックを乗っ取られたのです。目的地ではない地方を支配している集団でした。私はパキスタンの事務所長でしたから、パキスタンの北部ペシャワールにある武装組織と深い関係があり、活動を支援している指導者たちを知っていました。彼らに解放要請をしてもらうために出かけました。またペシャワールにあるアメリカの領事にも会って協力を頼みました。幸い、アフガニスタンの現地の長老たちがコマンダーを説得して、国連職員は解放されました。

その時、お互いに持っていた車に付いていた長距離用の無線機で話ができ、背中に打たれた傷はあるが元気なのを確認して喜びました。同時に北側にあるウズベキスタンを移動しているユニセフの車からも「解放されておめでとう」というメッセージが入ってきて嬉しかった思い出があります。国連関係者はみな同じ周波数を使っていたので私たちの会話に参加してくれました。

海外で働いていて危機管理に重要なことは、いかに早く正確な情報を取り、危険に巻き込まれないようにするかということです。特に治安の悪いところに職員を送る場合の情報分析と決断が大切で、これには大きな責任が伴います。現地の国連機関の事務所長は、毎週一度集まって情報交換をしていました。

パキスタンでは、国連が西欧諸国に関係した組織としてのイメージが強く、湾岸戦争の時には一部のパキスタン市民に敵視されることがあったのです。それで国連世界食糧計画の車に石を投げられたりしたことがありました。また、反政府のデモが時々行われ、暴徒化した学生などが車を止めて火をつけたりしていました。
　シンド州の砂漠地帯で活動しているＮＧＯの大会があり、その組織は協力していた大臣が関係していました。ユニセフも農村水道の活動を支援していた関係で、私も参加し、スピーチをしました。その帰り、農業大学の学生たちのデモに遭遇。大学のキャンパスの前の道で車を止め、タイヤに火をつけて燃やし、気勢を上げていました。私たちももう少しで巻き込まれるところでしたが、急遽引き返して脇道を走りました。とはいえ、燃えているバスの横を通らないとカラチに戻れません。危険を冒してそこを通り抜けたことがありました。州政府の参加者はそのデモのことを知っていたようで、私たちが情報収集を怠っていたのを反省しました。

　アフガニスタン国内やパキスタン北部の国境地帯に職員を送る際は、多くの情報源からの情報を参考にしました。国連関係機関からの情報だけでなく、大使館、地方政府、軍隊、ジャーナリストなどです。加えて、大変役に立ったのは、その地方で活動している各国のＮＧＯからの情報でした。それらを総合的に分析して、ユニセフのスタッフを出すかどうか決めました。

情報交換はgive and takeで行われますので、ユニセフの現場の職員が持ち帰ってきた情報は他の組織とも共有しました。そのため、組織間の協力関係とスタッフの人脈も大切になります。

バングラデシュのダッカに勤務していた時、「よど号ハイジャック事件」があり、日航機がダッカ空港に来ていました。いち早く情報が入ったのは日本大使館からでした。いつも空港の前を通って通勤していたので、その日の朝は様子を見て自宅待機をすることにしました。その後、国連からも連絡があり、ラジオの短波放送でＢＢＣなどからのニュースを通じ、この事件が近所で起こっていることを知りました。

ナイジェリアの首都アブジャに出張に行った時、ホテルが少しざわめいていたと思っていたらクーデターが起こって軍人が政権を掌握していました。その時もホテルのテレビでＣＮＮやＢＢＣのニュースを通じて近くで起こっている政変について知った次第です。

開発途上国ではマスメディアが政府によってコントロールされている場合が多く、事件が起きていてもニュースが入ってこないことがあります。自分が住んでいる都市の一部でその時、何か起こっていても知らないことも多かった気がします。そのため、ナイジェリアのラゴス時代は、事務所の運転手たちに安全対策に役に立つような情報を意識的に集め、報告させるようにしました。事務所の車は街のいろいろなところに行き、そこで用事が終わるまで待っていることが多く、その間も他の組織の運転手たちから街の各所で起こっている犯罪や事故の話を聞くことができます。

当時ラゴスでは、武装グループが大使館員などの外国人を襲って車や持ち物を略奪する事件がたびたび起こっていました。困るのは脅かしのために自動小銃を発射することです。その弾が体に当たって半身不随になったオーストラリアの大使館員もいました。韓国の大使館はボディガードを雇って車の助手席に乗せていましたが、そのボディガードが持っていた自動小銃を欲しがった強盗団に襲われたという話も聞きました。

日本では「安全」と「安心」が一口で言われていますが、私は「安全」を確保するなら「安心」してはいけないと思っています。

ナイジェリアのラゴスで勤務していた時、空港にイギリスの高校から休暇で帰ってきた息子を迎えに行きました。その帰路、橋の上で武装強盗団に襲われました。初めは何が起こっているのか分からず、前の車が故障して乗車していた人がドアを開けて出てきたと思っていました。実は橋をブロックして、私たちを襲おうとしていたのです。

長い間運転手をやっていたガブリエルはすぐ武装強盗団と判断し、やっと通れるぐらいの隙間を少しぶつけながら走り抜けました。プジョー504に乗っていた強盗たちはうまく運転して我々のトヨタに追いつき、先を越してブロックしようとしました。幸い横に入る道があったので、その狭い道でヘッドライトを消して走り、相手をまくのに成功しました。今でも我々を救ってくれたユニセフの運転手には感謝しています。

それからというもの、車に乗っても前や横をしっかり見るようになりました。また危険な所に行く時は、もう一台、勇敢なドライバーが運転するランドクルーザーがついてきてくれて、有事の時は強盗団の車に体当たりをしてくれることになっていました。結局その必要はありませんでした。


危機管理や防災に重要なことは、前もって計画を立て、ルールづくりをしておくことだと思います。

内戦が激化して、スタッフを国外に避難させる必要があることを考え、その場合はどこに集結するかなどを決めておきます。航空機や船で出る場合、空港や港まで車で行く必要があります。そのため、ガソリンのタンクは常に半分以下にしないようにしておくなど、前もって準備しておくことが必要です。

内戦などが起こると現地のスタッフと家族が危険にさらされますが、どのように彼らを守ってあげられるかを、特に上長は十分考えておくことです。

内戦になった時、宗教の違いや部族の違いから少数派の市民が危険にさらされることがあります。ユニセフのアジア課長の時、首都が危険になったため、現地職員に一カ月の給料を前払いし、食料も持たせて地方の実家に帰ることを現地の事務所長に進言したことがあります。インドのニューデリーの事務所では、インディラ・ガンジー首相がシーク教徒の警備兵に殺害されたため、シーク教徒のスタッフと家族が迫害され、身の危機がありました。その時、ユニセフは事務所の地下室に彼らを保護したと聞いています。

二〇一三年、アルジェリアの石油基地で働いていた日揮の社員がテロ集団に襲撃されて、多くの死者が出てしまいました。その時、日揮の広報部員は、日本人社員の被害だけでなく、各国から来て働いていた社員全員ついても報告していました。日揮が真のグローバル企業であることを感じました。

日本のマスメディアは海外で災害や事故、事件が起こると、「日本人は被害にあっていない模様である」と報道し、そこで事件に興味を失います。韓国、中国、フィリピン、台湾のような近隣国や地域で地震、台風、火山の噴火などがあっても、日本では十分な報道がなされていません。ＣＮＮやＢＢＣに頼らないとニュースが入ってこないのは、このグローバル化した世界では残念なことだと思います。近隣諸国の人々への思いやりも必要ではないでしょうか。また、すぐに支援の手を差し伸べるべきではないでしょうか。

危機を経験した我々は、これからもリーダーシップ能力を高めて、また起こる津波、テロや感染症の蔓延に備えなくてはなりません。常に準備を怠らず、必要な物資を備蓄しておいて、迅速に情報を分析し、判断し、最適な政策や行動を取って市民、社員、職員とその家族を守っていかなくてはなりません。それには日頃からコミュニティーの構成員の信頼を勝ち取っておくことが大切です。信頼できないリーダーに構成員はついていこうとしません。起こっていることに対して情報と危機感を共有できることが大切です。

福島の原子力発電所が津波で破壊された時、日本政府や東京電力は危機に直面した状況を、国民にはっきり知らせようとしませんでした。私は政府からの曖昧な情報や指示を信頼していませんでしたので、インターネットを通じてアメリカやヨーロッパからの情報を見ていました。アメリカ政府は、市民に発電所から一〇〇キロ以上離れるように助言していました。実際メルトダウンが起こっていたわけで、その状況では日本政府よりアメリカ政府の判断の方が正しかったと思っています。幸いなんとか被曝を最小限に抑えることができたのは、偶然としか思えませんでした。政府機関や組織を守るために人命をおろそかにするのは許されません。二度とこんなことを起こさせないためには、有能で倫理観のある指導者を育てなければなりません。

残念ですが新型コロナウイルスの対応の不手際などから、政府に対する不信感が高まってしまいました。病院や検査体制の強化は遅々として進んでいません。行政官や東京都の役人、それに保健所まで政府の指導者の言うことを無視している印象を市民に与えました。日本は傲慢な官僚や役人によって支配されている印象を今回強めました。これから日本の政治体制が変わり、思い切った行政改革が行われなければ、経済力の無いシングルマザーの家庭や貧困層がますます窮地に追いやられます。今こそ国民は民主主義を再確認して政治に参加しより良い社会の構築に努力する義務があります。その中から有能なリーダーを国会や都議会に選出しなくてはなりません。

第十三章　システムづくりと人材の養成

国際協力や企業活動のために海外支店で働く時、いつも頭に入れておくべきことは、外から来てその国で働いている我々は、所詮よそ者であるということです。その国に招かれて仕事をさせてもらっているという意識はいつも持っていることが大切です。

一生その国で働くのではなく、ユニセフでもせいぜい四、五年で次の任地に転勤になります。私はその間に自分が何をし、どんな貢献をその国や事務所に残していくかを考えて仕事をしました。任地で残り一年ぐらいになると、自分がリーダーシップを発揮して成果を上げたことをしっかり整理し、システムとしてその事務所に残しておく努力をしました。そのシステムの中には、どのようなプロセスで政府、大学、研究所やＮＧＯと協力するかを含みました。バングラデシュで新しい支援計画をつくる時に立ち上げた、よりオープンで民主的な協力のプロセスが、任地を離れてから三〇年経ってもまだ続けられていたのを知り、嬉しかったのを思い出します。

私の経験から、良いシステムや仕事の方法論は次の世代に引き継がれていきます。ただ経験や実力のない後任者が来ると、前任者が残していったシステムを壊したり捨てたりすることがあります。私は若い時、一度だけそういう経験をしました。当時、私はまだ若く経験も実力も足りないこともあり、今はやむをえなかったと思っています。

有能な後任者は私が残したシステムを評価し、しっかり踏襲してくれました。

現場の指揮者の難しい立場をよく理解し、本部から細部に亘っての指示はせず、国レベルの事務所の判断やイニシアチブを尊重してくれるのは、ユニセフの良い伝統です。その国の現状に合わせて仕事のやり方を決めることができました。コンピューターソフトについても本部から送られるものを使うだけでなく、自分の事務所でシステム・アナリストを雇って必要なソフトを開発したり、システムの保守をしたり、職員の訓練をしたりすることができました。

システムづくりと人材の養成は、開発協力事業をやっていくうえで特に大切なことです。

私たちは、その国の中央政府や地方政府、それにＮＧＯなどの協力組織を支援しています。国連開発機関がその事業の支援を終えても、その国の資金と人材で活動を続けられるように長期に亘って継続可能なシステムと人材養成をしなくてはなりません。外国の援助機関が多額の資金を提供して少しばかりの結果を出しても、外国の援助がなくなると活動が停止し、後に何も残らないような事例はたくさんあります。開発協力は援助側の自己満足で終わってはならないと思います。

ユニセフや国連人口基金は、その国の実情に合ったコストのかからない技術や制度を相手国の政府とよく考えます。その際、政府の計画委員会のような機関の専門家も交えて一緒に考え、モデルができたら限られた地域で実験します。その効果を客観的に大学や研究所に頼んで評価してもらいます。もし良い結果を生む方法だと分かると、そのモデルを国中に広く導入する計画を進めます。しっかりした客観的評価があり実際に良い結果を出したことを数値的に証明できれば、政府の予算や開発銀行や支援国の資金が安心して導入されることになります。

国連開発機関の資金は限られています。現場で動員できるスタッフの数にも限界があります。それでも国の政策やスケールの大きい政府のプロジェクトに貢献できるのは、開発途上国の信頼を得て「触媒」としての役割をさせてもらえるからです。それでたとえ小さなpilot project（社会実験）をやっていても、常にそれに続く国家レベルの大きなプログラムを頭に入れています。そして自分たちが政府の人たちと一緒に働きながら、その国家の政策やプログラムに貢献できることに開発のプロとしての満足感が得られるものだと思っています。

社会変革のシステムをつくるうえで留意しなくてはならないのは、その社会や伝統の良いところを認識し、住民の協力を得ることです。そして必要な物資もその国でつくってもらい、そのための技術指導や人材の養成に努力しなければなりません。それで私たちは少なくとも五カ年の単位で支援活動を考える必要があります。日本の商品を売り込むために、コストが高く保守が難しい高い技術の製品を売り込むための国際協力は、慎むべきでしょう。

例えばインドやバングラデシュでの農村水道のプログラムでは、現地でハンド・ポンプの生産を支援し、そこからユニセフもポンプを調達しました。村長や部族の長とも話し合って、村人に井戸掘りの労力やセメントやレンガなど資材を提供してもらいました。村の高等学校を卒業した女性に手押しポンプの修理の仕方を教え、子どもたちが悪戯をしてポンプを壊さないように見張ってもらったりしました。修理に必要な部品も彼女に預けました。それにより、長い間きれいな水が村に供給されるようになります。中央政府、地方政府、村、それに村民の役割と責任をはっきりさせ、プログラムが成功するシステムを構築することが大切になります。

人道援助でも同じようなことが言えます。地震や津波などで緊急援助が要請されますが、医師や看護師を一、二週間送るだけでは大きな貢献はできないと思います。出発の準備や、受け入れ側の中央政府や地方政府の了解を取るのに時間がかかるので、日本からの医療団が着くころには緊急の医療が必要な多くの人には間に合わなくなってしまいます。地震の場合、七二時間以内に命を救わなくてはならないので、地元の軍隊や消防団の活躍が必要です。そのため防災には、現場の組織に対する教育・訓練活動や機材の供給がもっと大切になります。

かっこばかりつけてメディア受けするような派手な短期間の支援活動では、世界の人道援助の専門家からは尊敬されません。災害で大切なのは医療だけではありません。住民のための総合的な支援計画が同時に進められなくてはなりません。

緊急医療の他に感染症の予防、食糧の供給、避難所の設置、飲料水や簡易トイレの設置、季節によっては毛布や衣類も必要になります。そのような事態に対応するのに、医師や看護師だけでは無理です。むしろ自衛隊のような航空機、船舶、ヘリコプター、トラックのような交通手段やテント、毛布、食糧の備蓄を持っている組織が動員される方が大きな支援ができます。

東日本大震災の時、アメリカ軍に支援されたことを思い浮かべると、軍隊の能力が理解できると思います。今回の新型コロナウイルスで汚染されたクルーズ船ダイヤモンド・プリンセス号に対する対応でも、自衛隊が一人の感染者も出さないで危険な任務にあたったことに、思いを馳せていただきたいと思います。

人道援助の場合でも一、二年の単位でビジョンを持って支援する必要があります。一カ月間だけ外国へ行って、現場から去ってしまうのでは、住民の悩みやニーズに沿った人道援助はできません。災害があって少し経ってから麻疹、肺炎、コレラなどの感染症が流行します。また子どもが栄養失調になるのも、少し時間が経ってからです。

大きな災害があると、その後どのように保健衛生サービスや経済活動の復興を支えてあげられるか、政府の関係者と戦略を考える必要があります。私たちはたとえ人道援助でも常にその先を考え、どのような保健衛生システムを構築していくかのビジョンを共有しながら仕事をしてきました。そのためには現地に腰を据えて、地方政府やＮＧＯと協力しながら活動をする必要があります。

ＮＧＯには、自分たちの満足のために短期間出ていって目立つことをやりたいと思っている組織が多い気がします。被災地の住民の信頼を得ながら、時間をかけて住民のためになることをしなければ、良い人道支援はできないと思います。

私が若いころ、ユニセフのような国連機関は国際政治の現実を離れ、中立的な立場で人道援助ができました。国連の旗を立てて紛争の現場に入っても、我々国連職員が軍隊や反乱軍などから攻撃を受けることはありませんでした。私の最初の仕事はカシミール地方でユニセフの活動を促進することが含まれていました。その時現場を回る際、インドの軍隊からも国連の休戦監視オブザーバーの軍人からも大切にしてもらいました。しかし後に国連の調停、平和構築、開発、人道援助などの活動が統括的に行われるようになると、ユニセフ、国連人口基金、国連世界食糧計画などの開発・人道支援機関が政治的に介入するというイメージになり、地方でテログループや反乱軍に襲われ、命を落とす国連職員が出るようになりました。

理想を言えば、紛争地帯では緊急援助、人道援助、調停、平和構築、民主化への支援、復興、開発など一連のプロセスに国連全体が関わっていく必要があります。そういった異なる活動を系統だって行い、長く残る良い制度を現場に残して、平和が維持され開発が行われることが期待されます。しかし、現実は難しく、成果を上げるには長い年月がかかります。平和の構築には子どもの教育が大切で、その成果が出てくるのにも時間がかかります。制度の改正には法律や司法制度の改革が必要になります。選挙制度も不正を少なくし、公平性を維持できるものに変えていかなくてはなりません。それに関連した人材の養成も必要で、紛争後も長い目で支援をしていくことが求められます。

新しい制度や問題解決の方法論が確立されると、それを実行に移してくれる人材が必要になります。新しく必要な能力のある人を採用したり、既存のスタッフを再教育したり訓練しなくてはなりません。変化に対応できる組織はスタッフ・トレーニングの予算を十分取っていて、常に教育・訓練活動をしています。それがスタッフ本人の能力開発にもなり、働くのに満足できる組織になり、有能な人材が育っていきます。被雇用者を使い捨てにするような企業は長続きしないでしょう。私は任期の最後の年は、つくった新しい制度や方法論をマニュアル化したりしてまとめたり、職員の訓練に力を入れました。それにより、自分の業績がしっかり残ったと思っています。

第十四章　グローバルリーダーの生き方について

新型コロナウイルスが世界に蔓延すると、各国は国境を閉ざし、自国民を守るために内向きになってしまいました。それでも人が世界を移動するのを止めることはできず、ウイルスはすでに世界の隅々にまで広がってしまいました。生死をかけた問題なので、必死に自国民の保護に努めていますが、国際協力なしでは人類に対するウイルスの挑戦を止めることはできません。ワクチンや治療薬の研究・開発、生産、各国への配布や予防接種活動、全て各国が協力しなくてはなりません。ＷＨＯの初期の対応がまずかったことでアメリカは拠出金を止め、組織から脱退する意向を通告しました。トランプ大統領の決定は誤ったものだと思います。民主党政権が生まれればアメリカの政策はもとに戻ると思います。資金不足はヨーロッパ諸国がある程度穴埋めをしてくれると思います。日本も資金を拠出する責務があります。

この問題が、グローバル化に大きな影響をもたらすのは確かだと思いますが、パンデミックが収束した後の世界はどう変わるか予想がつきません。中国とアメリカの経済が長期間に亘って停滞し、世界経済がリセッション（景気後退）を起こすことになりそうです。経済成長が鈍化し、中国の攻撃的な外交・軍事政策が続けられるのか、習近平政権の政策に変化が起こるかは気になるところです。それに新型コロナウイルスの発生を最初の段階で隠し、対応が遅れたことに対する責任が国際社会で問われています。中国は次第に国際社会で信用を失っています。アメリカもトランプ政権の思慮のない初期対応が批判され、経済が疲弊して、トランプ大統領の再選は難しいでしょう。共和党員にもトランプ離れが始まっています。国際社会でのアメリカの地位が下がり、世界政治や経済の多極化が進むことは確かだと思います。

今回はっきり認識したのは、いかに私たちの生活が国際的な経済のつながりに頼っていたかということでした。日本人に必要なマスクの八〇パーセントを中国に頼っていたこと、韓国や日本の製品の部品の多くが中国でつくられていて日本での生産活動に大きな影響が出たこと、中国や日本の消費者の購買力が下がり、車などの生産が一時的に止まったこと、日本の住宅の建材や建具なども中国に頼っていて住宅の建設が遅れてしまっていること、レストランや弁当屋の食材は中国製のものが多く、輸入がなくて困っていることなどを知ることになりました。

私の考えでは、今までの経済的な世界のつながりは、これからも続くと思われます。ただ変わるのは中国だけに頼る危険性を避けて日本の輸入先が多様化して、ベトナム、バングラデシュ、インドネシア、ミャンマーなどが、より重要な輸入先になると思います。日本とアセアン諸国との関係がますます大切になります。また原油や天然ガスの輸入先についても多様化が進められるでしょう。中東に有事があると、燃料を生産できない日本経済に大きな損害が与えられることが考えられるので、ロシアや他の地域からの輸入もオプションとして考慮されるでしょう。

今回のパンデミックの結果として、人類の生存のために、より協調的な国際関係が生まれなくてはなりません。

アメリカでは民主党が政権奪回を試みることになり、中国では習近平による独裁的共産党支配体制にも少しは変化が見られそうです。インターネットとＩＴの発達によって中国の市民の声が拡散し、意識が変わり、次第に中国全土での独裁的な統治が難しくなると思います。感染者を隠しても、医療サービスを受けられない市民たちは黙って死を待つことはしないでしょう。新型コロナウイルスが軍隊にも蔓延して北朝鮮の金一族の独裁恐怖政治にも影響が出るでしょう。この不安な状況で軍事紛争が起きないように各国の為政者は努力をすべきです。

安倍政権も嘘と忖度の政治が批判され、新型コロナウイルスが蔓延し、リセッションが起きてオリンピックも延期され、国民の生活も悪化しました。長い強権的な政治に対する支持が薄れ、日本の政治にも変化が訪れるでしょう。

今世界が直面している「危機」は、「危険」と「機会」をもはらんでいます。ポスト・新型コロナウイルスの時代には新しい指導者が求められます。世界の協調と繁栄を追求しながら形を変えるグローバル化に、勇敢にチャレンジする若いリーダーが生まれなくてはなりません。世間や親の言うことばかりを考えないで、自分の人生を自分で考え、自分の幸福と社会貢献を大切にする自由なグローバルリーダーが日本から輩出するのを期待します。一度しかない自分の人生です。人の敷いたレールを歩むことなく、失敗を恐れないで、情熱を持って仕事ができる機会を追求すべきです。そんな人生設計の中に、世界で人類のために貢献できる国際機関でのキャリアも、考えてもらいたいのです。

私は戦後の日本の政治や社会の問題を、強く感じながら育ってきました。戦後の食糧も十分でなかった私たちの生活、経済の復興にも落ちこぼれていった人々、未熟な民主主義を反映した汚い政治など、貧困と格差、日本の統治の危うさを感じていました。アメリカに留学したいと思ったのは、安保闘争を経験して国際政治の現実を学びたいと思ったためで、国連などの国際機関で働き、何らかの社会貢献がしたいという願いがあったからですが、多分それ以上に、まだ見ぬ世界に飛び出して「冒険とロマン」を追求したいと思ったからでしょう。当時、小田実の『何でも見てやろう』という本を読んで触発されたのを覚えています。「それなら僕は何でもやってやろうという精神で海外に出て行こう」と思いました。安定した生活は求めないで、リスクを冒して冒険ができる経済的余裕が日本でも少し出始めていたのかもしれません。

これだけ世界が狭くなると、世界中どこでも良いところと悪いところがあり、仕事や趣味での満足感が得られるのなら、遊牧民のように世界を動いて機会を与えてくれるところで自分が好きな仕事をし、家族にとっても楽しく充実した生活ができる可能性があります。

今ではそういったnomad（遊牧民）と言われる若い日本人が多くなっています。少しばかりの資金を持って世界旅行に出て、気に入ったところで仕事を見つけて住み着いた人も多くいます。特に日本女性は適応性があり、現地の人と結婚して自分の幸福を見つけている人も多い気がします。国連の職員の中にも若い時に留学したり、ボランティアとして開発途上国で生活した経験が大学院での研究につながったりした人が多かったです。

ニューヨークで働いていた時、スティーブン・R・コヴィー氏の『7つの習慣　人格主義の回復』という本を読み、アメリカの企業で成功している指導者の生き方が、自分の目標としているものと同じであることに気がつきました。この本は翻訳されていて日本でも広く読まれています。社会通念にとらわれないで主体的に生きること、率先力を発揮することと、他人の言葉によく耳を傾け理解する努力の大切さを説いています。また「終わりを思い描くことから始める」こと、そして自分のミッション・ステートメントを書いて自分にとって何が一番大切か、仕事や個人の生活で何の優先度を高くするか考えることを推奨しています。

私は、「国連を退官する時、自分が満足する仕事ができたこと、また良い人生だったと思えること」を目標に生きてきました。幸いにもその目的を達成できて運が良かったと思います。人生の満足感は地位やお金ではないと思います。真面目に社会貢献をしながら努力をしているうちに社会に認めてもらうことはありますが、究極的には自分自身の満足感と幸福が大切だと思います。

コヴィー氏はその他に『7つの習慣　原則中心リーダーシップ』という本を書いています。その中にはグローバルリーダーとして生きるために大切なことが書かれています。

まず、良きリーダーは常に学んでいるということです。技術だけでなく経済や社会が急激に変化している世界では、常に最新の情報と知見を得なくては指導者になれません。生涯学習という言葉が世界で言われているように、赤ちゃんの時から高齢者になるまで学習が必要です。

次に良い経営者は短期的な利益ばかりを追求しないで、社会に対する貢献と責任を感じてリーダーシップを発揮しているということです。今はＳＤＧｓ達成への企業の貢献が問われ、出資者も企業の貢献度を評価しています。自分たちの利益を貪って他人や社会を顧みない企業の指導者たちでは、長い間事業が継続できないことになります。

国際開発協力や人道支援活動で仕事をする人は、貧しい人々が日々やっと生きているような暮らしを見たり、避難民が食べ物もなく住居もない状態で雨に打たれたりしているのを見ると、心が暗くなり悲観的になりがちです。またストレスも多く、鬱の状態になる人もいます。そんな職員を率いてリーダーシップを発揮するには、少し楽観的で積極的に問題解決に挑戦できることが大切です。これには陽気な性格も大事だと思いますが、過去同じような状態で支援活動に成功した経験がその指導者を明るくすると感じました。そんな人と一緒に働くことで、他の職員も楽しくなります。同僚を信頼し、結果を出す自信を持って、気持ちよく働く態度がリーダーに要求されることをいつも頭に入れておくべきでしょう。

仕事の面でも私生活でも、バランスのとれた生活をすることがリーダーにも求められています。国連職員は環境の違う職場を転々とすることが多く、家族は大きな負担を強いられます。医療や教育の面で家族が希望するような環境にない任地も多く、家族がバラバラになったり、離婚することになった友人もいました。自分には仕事があっても伴侶の職場がなく、国によっては外国人の家族の就職を制限している国も多く、結婚していても双方に満足な生活環境でないことが多いのが残念です。

しかし、大変協力的なパートナーに恵まれている人も多く、女性の職員の場合も理解のある夫に恵まれて幸福な家庭生活をしている人も少なくありません。日本人の女性国連職員も、とても協力的なパートナーに恵まれている人が多いです。結婚のことを考え、国際機関で働くことに二の足を踏む人もいるようですが、その心配はありません。結婚はハプニングで、ある時突然起こることで、日本人女性たちも素敵で協力的な外国人の男性と結婚して、お互いに助け合って幸福な生活をしている人が多い印象です。

今国際機関でも私企業でも、work life balanceという概念が浸透していて、良い組織ほど職員や社員が満足した生活ができるようにマネージメントの努力がされています。私も、自分のスタッフが、朝、子どもを幼稚園や託児所に連れていく時間や夕方から大学院で勉強する時間を考えて、働く時間を調整したりしました。またバンコクのユニセフでは事務所の中に託児所を設置して、母親が赤ちゃんを連れてきて母乳で育てることができるようにしたこともありました。ニューヨークではアジアから連れてきたメイドが午前中に英語の勉強に行けるように、赤ちゃんをおぶって事務所に来ていたスタッフがいました。私はその赤ちゃんを朝出勤してちょっとだけ抱くのが日課になりましたが、それが私に何か癒やしのようなものを与えてくれて元気をもらった気がします。ユニセフの事務所ですので、赤ちゃんやお母さんに優しい職場をつくることも大切にしていました。

とはいえ、ユニセフのスタッフの中には、仕事一辺倒の人が多かった気がします。週末もやることがないので事務所に来て仕事をしていました。家で時々やっていた夕食会には夫婦同伴で来ますが、スタッフは仕事の話ばかりして、伴侶たちからいつも苦情が出ていました。私は、週末は事務所には行かないで新聞や雑誌を読んだり衛星放送のCNNやBBCのテレビを見たり、ショッピングやゴルフに行ったりしていました。

我々の問題は趣味がないということもあり、五〇代の中盤になって、やっと一つ見つけたのです。夏休みにアメリカのバーモント州のフライ・フィッシングの学校に行って基本を習い、それからは年に一、二回はアメリカや中米の各地に釣りに出かけました。特にマスや鮭を釣る所は川の水も冷たく、近くには雪を被った山もあり、自然との触れ合いによって大変癒やされました。釣りに行けない時でも釣りの本を読んだりビデオを見たりして、次の釣りの旅を夢見たりしていました。ユニセフの東京事務所長の時、『週刊新潮』の女性記者に趣味についてインタビューを受けたことがありますが、その時、彼女から日本の指導者で忙しい人ほど趣味を持っているということを聞きました。やはり趣味はリーダーにとってバランスのある生活をするのに大切なのでしょう。

アメリカの大学で印象的だったのは、政治家やその他の指導者の演説や講演を聴いていると、まず主催者や世話をしてくれた担当者にお礼を述べてから、必ずと言っていいほどユーモアのある話をすることでした。それは観客の緊張感や不信感を取り除き、親しみやすい印象を与えることに効果的だったと思います。それで私は、ユーモアのセンスは重要で、指導者はユーモアで他人の心を和ませる能力を持つべきだと思うようになりました。

学生時代から心温まる『ピーナッツ』の漫画や『The New Yorker』という雑誌の一枚の時事風刺漫画を見るのが大好きでした。苦境に立ってもユーモアで笑い飛ばすのは精神衛生上良いと思っています。ニューヨークにいた時は、テレビの『Saturday Night Live』という風刺のきいたお笑い番組を面白がって見ていました。アメリカ人が当然知っているような背景を知らないので笑えない冗談も多かったですが、それでも結構楽しめました。日本の新聞やテレビは忖度して政治風刺をあまりやらないのが残念です。力のない我々市民にとって風刺やユーモアは息抜きになります。ただ少し反省しているのは、国連の会議で真面目な外交官を相手に時々ユーモアを入れた発言をしてしまったことでした。笑ってもらえましたが、少し不謹慎だったかもしれないと思ったこともあります。また帰国して大学の授業でユーモアを言ったつもりが、ほとんど学生から反応がなかったことがありました。文化の違いや聴衆をもっと考えて言う必要がありそうです。自分のオヤジギャグも、子どもたちから批判を浴びることが多かったのも思い出されます。

新型コロナウイルスの影響で自宅に籠もっていると運動不足になり、精神的にも参ってくるのを感じます。特に高齢者にとって運動をして筋肉をつけることが重要になります。スポーツが苦手で何をやってもダメな私でしたが、バングラデシュ、パキスタン、タイなどでは下手なゴルフをやったりしました。コンペに出ても下から二番目のブービー賞をよく取っていました。しかしリーダーにとって運動は、肉体的にも精神的にも大切なことは理解していました。体と頭を両方使い、いつもバランスのある生活をして、毎日新鮮な気持ちでスタートすることは人間関係を良くするためにも大切です。バンコクで事務所の同僚と下手なテニスをやったことも、今では懐かしい思い出。今はフライ・フィッシングをするために体力づくりをしています。健全な精神は健全な体に宿ると言われていますが、その通りでしょう。人生は冒険。いろいろなことに興味を持ち、新しいことに挑戦する態度が人生を豊かにします。

第十五章　国連面接試験にどう対応すべきか

ユニセフの人事部の話によると、「リクルート・ミッションを日本に送って、中堅の職員を採用しようと努力はしているが、その際多くの日本人候補者にとって大きな障害はコミュニケーション能力。面接の時に英語で自己を表現する能力に限界がある場合が多い」とのことでした。これは日本の社会で働いている者にとって難しいことだと思いますが、なんとか克服しないと国際機関の期待に応えられないと思います。

私自身、当時の大蔵省に推薦してもらってインドネシアのジャカルタで世銀の面接を受けたことがありました。面接に現れたのは若い傲慢なドイツ人で、初めから私には資格がないといった素振りで話し始めたので萎縮してしまい、「大学院で博士課程に進み、もう少し経済学を学びたい」などと余計なことを言ってしまいました。

また国連人口基金を退官する時、グローバル・ファンド（世界エイズ・結核・マラリア対策基金）の事務局長の候補者としてジュネーブに呼ばれ、インタビューを受けました。国連人口基金の上級スタッフのインタビューをいつもしていたので面接試験には慣れていましたが、いざ多くのグローバル・ファンドの理事たちの前で質問を受けるとなると、お粗末な対応しかできませんでした。

私が面接官をした経験から言えることは、面接試験で知りたいのはその人が持っている知識だけではなく、むしろ人生で経験した問題に対し、どのように考え、どのように対応してきたかということです。問題解決に成功した例でも失敗した例でも、本人がどう問題を分析し、どんな解決策を考え、どのように実行したかなどを聞きました。そして結果がどうだったのか、それについて反省する点は何かなどを話してもらいました。

私は特に問題の分析能力と問題解決のための戦略的思考力を知ろうと努めました。他のインタビュー・パネルのメンバーは、資金調達能力、コミュニケーション能力、その人が持っている信念や価値観など手分けをしてインタビューに臨みました。このような面接試験に柔軟に対応できる人は、常に自分を客観視して分析し、その人のストーリーがつくれる人だと思います。アルバイト先で問題があった時、上司とどのように問題の解決策を考えたか、またそれを実行したかとか、就職して同僚や顧客との関係で問題があった時、どのように対応したかなど。自分が考え、実行したこと、その評価や反省を自分なりにまとめてストーリーをつくっておいた方が良いと思います。
国連人口基金の中南米の地域局長を選んでいる時、中米から来た大臣やＮＧＯの代表者の経験のある女性がそういったストーリーの引き出しをいっぱい持っていて、我々の質問に即座に答えてくれ、大変感心したのを覚えています。その方はもちろん中南米の地域局長に選ばれました。

日本人はもっぱら真面目、職人気質で言われたことはよくやるという評判で、日本人スタッフは引っ張りだこだと聞いています。今では外務省のＪＰＯ（Junior Professional Officer）派遣制度から上がってきた多くの日本人が部長クラスで活躍しています。しかし、上の人に利用されて昇進できない人も多いのではないかと気がかりです。特に戦略的思考に欠ける人もいるのではと思っていました。仕事は何から何まで片端から片付けようとして、優先順位をしっかり立てないで仕事をしているせいか、組織にとって大切な課題に対しての貢献度が可視化されにくい。そのため、評価されていない日本人がいそうです。若い日本人スタッフは実務をよくこなす能力があるという評判も聞きますが、以前、国連人口基金の女性の同僚から日本人のスタッフの中には戦略的に仕事をしていない人がいるという印象があると聞いたこともありました。彼女は後にセネガルで大臣になった人なので評価が厳しかったのでしょう。最近お話ししたユニセフや国連人口基金の上級職員は、日本人の職員の総合的な能力を高く評価していて、私には心配する必要はないと言っていました。

国連に日本人を送る日本政府の長期戦略は、大きく成果が上がっているとの認識があり、日本の外務省のＪＰＯ派遣制度が高く評価されています。ユニセフの人事部によると二〇一九年の時点で、ユニセフでは一二〇人の日本人が働いていて、国連で働いている日本人の八人に一人がユニセフで働いていることになると言っていました。これにはいろいろな短期契約の人が含まれているようですが、ユニセフには外務省のＪＰＯ派遣制度を使って入った人が多いことは確かなようです。

ヨーロッパ諸国も同じような制度を取り入れて若者を国連や国連機関に送っているそうですが、二、三年して政府の資金的なサポートが終わってから残れる人は日本より少ないそうです。

中堅のポストを獲得する人材が不足しているようなので、外務省ＪＰＯ派遣制度を利用して日本政府の助けを借り、国連機関で経験と能力をつけることをお勧めします。

外務省の国際機関人事センターの活動は素晴らしいと思います。五〇年前にユニセフに入った私から見ると至れり尽くせりで、国際機関勤務に興味がある日本人を支援していま す。ポストの空き情報から経歴書の書き方、また個人に対するカウンセリングなど多角的な活動で支援しています。ニューヨーク、ジュネーブ、バンコクやボストンなどでも国連職員のサポートや日本人留学生の国連採用のための活動をしています。バンコクでは、若い国連職員のキャリアを支援するために、日本大使館が場を設けて新しい知識の導入を助けていました。

私が最初にユニセフに赴任した時は、若い国際スタッフは川に落とされて泳げるか、沈むか、ただ浮いているかを先輩たちに見られているような気がしていました。二年契約なので、泳げないと契約の更新はなく、四年間の成績が良い若者だけが残れるような状態でした。同じころ入った友人にも四年間経って辞めさせられた人もいました。

当時の外務省の職員は、国連職員をどこの馬の骨か分からないやつと軽蔑していた人も多かったようです。自分たちはエリートで、国連職員は出稼ぎの日本人だと思っていたのでしょう。それが変わってきたのは、政治家から国際機関の日本人職員が少なすぎるという批判を受け、日本人の採用協力に力を入れ始めたころでした。経験のある有能と思われる日本人を国連に推薦しても採用される人が少なく、国連職員に対する認識が変わってきました。今は外務大臣自身が力を入れているので、外務省全体が動いて国際機関に日本人を送る努力がなされています。

現役の日本人国連職員との話の中で、ＡＳＧ（Assistant Secretary-General, 事務局次長補）以上の政治的なポストに外務省出身者を送り込むことが多いので、なるべく下から上がってきた日本人職員に機会を与えてほしいという要望がありました。国際機関の経験のある外交官は成功している人が多いですが、経験のない人が国連の重要ポストについても能力を発揮できず、今まで評判のよくない人も多かったそうです。国連の指導者もそうした未知数の人を雇うのを躊躇し、すでに能力を買われた局長・部長クラスの日本人を雇った方が安全と考えているそうです。他の国からも有力な候補者を出してくるので競争も激しく、面接などで日本人候補が落とされてしまう結果に終わっているとのことでした。

幸い私はＰ－２（プロフェッショナル職員クラスの下から二番目）という下から上がって

いった職員でしたが、日本の国連代表部の推薦でＡＳＧのポストにつくことができました。私も最後はＤ－２（局長、部長クラス）のポストで退官すると思っていましたので、現役のスタッフの気持ちは大変理解できます。

外務省の努力で、より多くの若い日本人が国際機関に入るようになりましたが、その人たちが採用後、どう働き、どのように有能なグローバルリーダーになってもらうかが私の今の関心事です。前章で書いたリーダーシップ、マネージメント、コミュニケーション能力を高め、世界で活躍してもらいたいと願っています。

現在、国連軍縮担当事務次長として活躍している中満泉氏にお会いする前に、彼女の『危機の現場に立つ』という著書を読みました。彼女はＪＰＯとして、最初にトルコの国連難民高等弁務官事務所に赴任しました。その時、湾岸戦争が始まり、多くのクルド人がトルコ国境地帯に避難してきました。スタッフが限られていた国連難民高等弁務官事務所のトルコ事務所は中満氏に大きな権限と責任を与え、彼女は難民の保護に活躍しました。その後もボスニアのサラエボやクロアチアのザグレブの戦地でも危険を冒して働きました。そうした若い時の大変な経験が彼女に能力と自信を与え、良い上司にも恵まれて今の中満氏があると思っています。

外務省は現在、日本人のＪＰＯに対してよく気を使い、比較的安全な地域で良い上司のいる事務所に赴任させるように努力し、その結果としてＪＰＯの任期が終わった時、多くの人が国際機関に残れるように努力しているのは評価できます。しかし私は、若い時には他の人が行きたくないような任地に行き、難しい仕事を任されることも、能力開発とキャリア・ディヴェロプメントのためになると思っています。

第十六章　次世代のリーダーに期待すること

（新型コロナウイルスについての情報、私の考えは、この本を執筆している二〇二〇年七月現在のものです）

新型コロナウイルスの蔓延により、私たちは人の命のはかなさや指導者の無能さをはっきり理解するようになりました。蔓延は二年間ぐらい尾を引くことになり、私たちの生活や価値観はすっかり変わってしまうでしょう。突然変異が起こり新たなウイルスが出現することに備える準備が必要なばかりでなく、人間の命を脅かす台風、地震、津波、火山の噴火などにも備えていかなくてはなりません。

経済成長と消費の拡大を政府の政策の柱にしてきた反省のうえに、人間の幸福とは何か、経済活動が縮小した中でどのように貧困と格差を是正していかなくてはならないかを国民全体が考えなくてはなりません。それに基づいて新しい政治家や企業の指導者を選ぶ責任が国民にあります。これは人類の生存の課題だけではなく、国民一人一人の生存のための課題です。

改めて強調させていただきますが、今回見られる現象として顕著だったのは、世界的に新型コロナウイルス対策で成功したのは有能な女性の指導者でした。ドイツ、ニュージーランド、台湾の他にデンマーク、フィンランド、アイスランドでは女性の首相が危機の現実を直視し、国民の命を守るために、検査を徹底し、情報を国民と共有し死亡者を抑えることに成功しました。女性の方が人命を守る本能的な能力に優れ、決断力も備わっている気がします。韓国は男性の大統領ですがＳＡＲＳやＭＥＲＳの苦い経験からＰＣＲ検査の能力を以前からつけて、迅速な陽性者の隔離をし、ＩＴの技術をフルに活用して新しい感染者を抑えることに成功しました。

韓国に比べ日本の対応は時代遅れでお粗末でした。初期のクラスター対策はある程度の効果はありましたが、感染経路が分からない感染者が激増するとお手上げ状況になりました。検査能力と検査数も他国と比べ非常に低いレベルで抑えられ、重症の患者も増えて医療崩壊が起こる危険があります。もし厚生労働省が意識的に検査をしない政策を取っていたとしたら、人命を軽んじたとんでもない事態を引き起こした責任が問われることになるでしょう。

日本政府の対応は後手後手に回り、判断力や決断力に欠けていました。切羽詰まった状態になってやっと行動に出る印象で、首相の判断には一貫性がなく、ブレていました。その点、都道府県知事は出遅れていたものの危機感があり、リーダーシップ能力がある印象でした。しかし国民が広く動き出すと感染が広がり感染者を収容するホテルも無くなり、病院もひっ迫した状況になってしまいます。国と都道府県の政策に整合性がなくこれからが心配です。感染が広がっているときに慌てて準備もなくＧｏ Ｔｏトラベルキャンペーンを始めたのは思慮の無い政策でした。その責任は問われることになるでしょう。

日本の社会は権限と責任を明確にしないで今までやってきましたが、人の命がかかっている問題で今までのような無責任体制を国民は許さないでしょう。新しいウイルスの出現は想定内のことで、それにしっかり準備ができていた台湾や韓国が問題解決に成功しました。ＰＣＲ検査能力も検査技師の訓練を怠り、検査機器の不足にもすぐに対応しませんでした。サージカルマスクやN95マスクも中国に頼り、備蓄がすぐになくなり、防護服やフェイスシールドにも事欠く状況は防げたはずです。厚労省には感染症の専門官が少ないようで、大学や外部から集めた専門家グループに戦略や対策について判断を任せている状況は嘆かわしく思われます。もっと検査や病院の対応を含めた総合的な見地から厚労省は政策決定を行うべきです。

人、物、お金、情報、それにウイルスや細菌まで国境を越えて自由に移動できるグローバル化した世界は、新型コロナウイルスの蔓延で短期的には変化し、各国は感染防止のために国境を封鎖し、移動を制限しました。しかし、この状態に人類はもう耐えられなくなってきました。貿易が滞ることによって物価は高くなり、必要な部品を輸入できなくなり、工業生産もできなくなってしまいました。国内や海外での旅行ができなくなり、生活の楽しみや質が急激に下がってしまいました。

ウイルスの蔓延による死者をコントロールするためには、国際協力が必要であることの認識が次第に高まってきました。感染の経路、病状の進展、重篤者の治療、既存の薬の効用、新治療薬の開発、ワクチンの開発……どの分野をとっても医療従事者、研究者、製薬会社、政府機関、WHOなどが緊密な情報交換と協力をすることが求められています。日本政府も民間会社もこういった国際協力ネットワークに積極的に参加し、問題解決に貢献することによって、日本のソフト・パワーと外交力、それにアジアでのリーダーとしての存在を示すことができます。またそれをすることが国際社会での義務と責任と考えなくてはいけません。

新型コロナウイルスの蔓延で大きな打撃を受け、国際的な信用と外交力を失いつつあるアメリカ、中国、ロシアなどの国家間のパワーバランスは大きく変わるでしょう。世界の工場としての中国の地位は弱くなり、消費財の生産はアセアン諸国やインドに分散されることになりそうです。アメリカやヨーロッパの経済は縮小し、日本も同じような状態から回復するのに時間がかかりそうです。日本は人口がますます減り、多くの外国人労働者に来てもらわないと農業や中小企業が続かなくなるでしょう。そういった現実にどう対応し、国民の経済と福祉を向上させられるかが日本人にとって大きな挑戦になります。

多極化した世界では、日本の役割が重要になります。二一世紀はアジアの世紀であることは変わらないでしょう。一時的な後退はあってもアジアは大きな人口を抱え、これからも経済成長が可能な地域です。中国や韓国との軋轢はありますが、インドも含めてアジア全体の国民の幸福と福祉を考え、協力関係を長期に亘って構築しなければなりません。そのためには、各国が共有できる長期ビジョンを話し合いで同意することが大切です。そのビジョンを実現するための戦略を考え、各国がそれに基づいた政策を実行することが求められています。アメリカの反対があっても日本が合意形成に大きな役割を果たしたＴＰＰ（環太平洋パートナーシップ協定）は、今後も貿易協力のベースとして有効に働くことが見込まれます。日本は貿易なしには繁栄できない国です。現在の低下した地域貿易を再生してお互いの利益になるように、リーダーシップをとる責任があります。

そのため、アメリカ追随の外交は終わりにしなければなりません。アメリカの政策決定者たちは日本を保護国と思っています。アメリカの軍人は自由に日本に入ったり出たりしています。東京上空の航空機の運用もアメリカに制限されています。まだ戦後は終わっていません。日本政府は明治政府のように不平等条約の改正に努力して日米地位協定を平等にしなくてはなりません、軍事力も最低限は確保して、中国やアメリカの属国にならないように安全保障の面でも戦略の変更が求められます。独立自尊の精神は今日本に強く求められています。アメリカは自国中心の利益追求をしています。孤立主義的な外交政策が続く可能性があり日米の同盟関係は希薄化する危険があります。

二〇二〇年に新型コロナウイルスの対応に失敗し、経済がさらに悪化して支持基盤の生活が厳しくなると、トランプ政権が崩壊する可能性が強いでしょう。民主党政権になっても経済の復興に全力を傾けることになり、積極的な外交政策は望めないでしょう。アメリカの世界での地位は、ますます低下しそうです。中国でも今回の新型コロナウイルス蔓延による経済的な痛手は簡単には解消せず、二〇二一年まで尾を引くことになります。中国共産党の独裁政治がどの程度国民の不満をコントロールできるか分かりませんが、インターネットの普及が人民を支配するのに有効に働くと同時に、SNSなどで不満が爆発して各地で暴動が起こる可能性があります。それによって習近平政権が代わる可能性があります。

アメリカの東アジアでの軍事力が衰退する隙を狙って中国の海軍力が増強され、日本の安全保障が脅かされる可能性は十分ありますが、一旦中国で内部紛争が起こると中国は警察と人民軍を内部での紛争に動員しなければならなくなります。歴史的に多様性のある中国では国家の統一は難しく、漢民族が長く政権を維持していくのは大変な努力が必要でした。賢い専制君主は、文化や民族の多様性を尊重し、少数民族とも共生する努力をしてきましたが、今の共産党の独裁政権は力でコントロールする政策を続けてきたので、これからどんな反発が各地で起こるか予想がつきません。

日本にはアメリカ、中国、インド、インドネシア、ロシアなどの国とも協力して、より良い人類共同体をつくるためにアジアでリーダーシップをとってもらいたいと思います。これからはよりオープンで前向きで、より平等で民主的な国際関係を育てていく必要があります。日本は成長した民主国家としてアジアのダイナミックな経済を支え、ＩＴ技術を駆使して各国とネットワークを構築してアジアの繁栄に貢献する義務があります。新型コロナウイルス感染防止や治療のためにも、国内の状況が落ち着いたら開発途上国への支援を増強してください。ＷＨＯを非難するのは今はやめて、積極的に活動の支援をしてください。人類が危機に直面している時、国連や他の国際機関の役割はますます重要になります。自国ファーストの偏狭な政策は必ず破滅します。今こそ人類が団結する時です。

新型コロナウイルスの対応ではっきり見えてきたのは、地方公共団体と知事、市長の役割の重要性です。これを機に中央集権を再検討し、政治と行政を改革して、権限と資金を県と市に委譲すべきです。その方がもっと現状に即した対応ができると思います。

国会議員数を大幅に減少して経費を節約し、もっと広い見地と能力のある政治家を選出できる選挙制度にするべきです。県会や市会でも職業議員を排除し、地元の有識者をパートタイムで動員するようにすべきです。いまだに汚職をしている国会議員がいることは大変残念です。

根本的な行政改革も必要です。中央官庁の職員に、もっと専門的能力のある人が必要なことは、厚労省の感染症予防や感染に対応する能力不足がはっきりしたことから改革すべき点です。また国家公務員の中立性をもっと保証できる制度が必要です。役所の高官が内閣ばかりに顔を向けて、嘘と忖度で国民を裏切っているのは許されません。内閣の人事権も制限すべきです。首相や大臣にはもっと広い判断力があり、スピードを持って政策をつくり実行できる能力のある人が選ばれる制度が必要なことは言うまでもありません。

今回の新型コロナウイルスに対応する世界の指導者を見ていると、有能なリーダーと無能なリーダーの違いがはっきり表れました。有能なリーダーは論理的にものを考え、科学的な知見を尊重し、すぐに決断して初動が早かったこと、また謙虚さや誠実さが国民によく伝わり、信頼されて、国民みなが協力して感染拡大を防ぐ努力をしたことなどが目立ちました。ドイツのメルケル首相は東ドイツ出身で、自由の大切さは身にしみて理解していることを自分の経験から国民に話しながら、外出制限などやむをえない要請を国民にしました。また彼女は科学者だったので、国民の理性に訴える能力もあったと思われます。またニュージーランドのアーダーン首相は、国民に寄り添うことを重要視しながら誠意を持った対応をしているのがうかがえます。スピードのある判断でロックダウンを実行し、手厚い経済支援を実行し、成果を上げると市民生活や雇用の心配をし、徐々に緩和していました。彼女は危機管理に有能なリーダーとして世界的に高い評価を受けました。

それに反しアメリカのトランプ大統領は傲慢なナルシストで、悪い指導者の典型的なモデルです。危機に乗じて自分の支持基盤へのアピールのために規制緩和をしながら大統領選の運動をやっている印象です。

謙虚さもなく、独裁的な指導者の印象で、弱い立場に追い込められた十分な教育を受けていない白人たちや人種差別している右翼の国民をうまく先導し、大統領に選出されました。しかし新型コロナウイルスの危機対応では、アメリカ国民が置かれた厳しい現状についての判断を誤り、緩和を推し進めることによって経済の回復を図ろうと焦っている印象です。これも自分の大統領再選のための動きと思われますが、その指示を受け、早々と緩和した共和党の知事の州では感染者が激増しました。彼のリーダーシップは憎しみや差別を助長し、アメリカ社会を分断してきました。非常時の大統領として強権でリーダーシップ能力を示そうとしていますが、命の危険にさらされている知識と意識のあるアメリカ市民は、教養のないトランプ大統領は耐えられない指導者と判断するでしょう。経済が崩壊し、支持基盤の白人労働者の雇用が悪化するにつれて、彼の再選の可能性は徐々になくなると思います。

有能な国家のリーダーは、国民とempathy（共感、情）を持てることが大切です。それを示したのがニュージーランドやドイツの女性首相でした。また科学的、論理的判断でＩＴを駆使し、感染をコントロールしたのも女性の指導者たちでした。台湾は女性総統の下で、ＩＴの革新的な応用と、情熱を持って情報を開示し市民の信頼を得ることに成功し、感染も抑えることができたことも高く評価されています。リーダーの価値観、判断能力、論理的思考、広い教養、それを取り巻く有能な閣僚やスタッフの存在が成功につながったと考えられます。また状況に応じて常に学習することによって感染をコントロールする戦略を見直し、調整する能力が大切なことを知りました。

日本は初期にクラスターをコントロールすることだけにこだわり、ＰＣＲ検査能力の拡充、発熱外来設置の遅れ、マスク、人工呼吸器、防護服の国産の初動が遅れ、院内感染が広がり、医療崩壊を招く危険が増大しています。結局、厚労省の感染症対策の能力が低いことを世界に知らせることになりました。日本の官僚は前例と既存の古い法律に沿って政策決定はできても、新しい未知のウイルスに対応する創造的な対応ができませんでした。このことからも日本の指導者の教育を根本的に変える必要があります。

危機管理ができない中央政府の役人は資格に欠けることになります。現場をよく知らない人がトップダウンで判断する危うさは、戦前の日本軍とも共通したものがあります。専門家グループの昔ながらのクラスター対応作戦は初期の段階では効果的でしたが、感染が広がり感染ルートが分からない人が多くなった時、お手上げの状態になりました。その間ＰＣＲ検査は遅れ、病院をサポートする準備も遅れました。一度決めた戦略を根本的に早く変える能力に欠け、専門知識や感染症の経験が限られた保健所の看護師や保健師にＰＣＲ検査の判断を任せた方法も、結局障害をもたらしました。役所が自分たちだけでコントロールして失敗したことを深く反省してもらいたいと思います。

初期の段階から医師に判断を任せ、民間の検査期間を総動員してＰＣＲ検査をしていれば、感染状況もより広く分かり、科学的な政策決定ができたと思います。日本人の、いつも後手後手に回り切羽詰まってやっと行動に出る性癖は、対応を遅らせ、死亡者を増やすことになります。ＳＡＲＳやＭＥＲＳを経験し有効な政策をとったお隣の韓国から多くを早く学び、同じような戦略を初期段階からとるべきでした。

今回指導力を発揮したのは若い知事たちでした。北海道の鈴木直道知事は以前破産した夕張市の市長を務め、市の財政破綻からの立ち直りに貢献しました。その三九歳の知事が、外国や東京からの訪問者による新型コロナウイルスの感染拡大に北海道として緊急事態宣言を出し、初期の段階で対策に効果を出しました。その後、外部との人の移動を止めることはできず、第二波が起こりました。彼は苦労をしながら大学を出て、次々にチャレンジングな仕事を積み上げて知事としての能力をつけ、それが彼の新型コロナウイルスに対する早い決断と道民に対する強い要請につながったと思われます。

もう一人は吉村洋文大阪知事です。大阪人らしく現実的な対応策をとり、集団感染が起こったライブハウスの名を公表し、症状の軽い感染者に早くからホテルなどの療養施設の提供を行うなど勇気のある行動をしてきました。またクラスター対策班の専門家が提供した情報を早く公表し、決定の根拠を示す勇気も評価されました。

想像力に欠ける年寄りの知事よりも判断力、行動力もある二人の知事が注目されたのは偶然ではないと思います。今日本に必要なのは指導者たちの世代交代です。二一世紀の新たな挑戦には、若い世代の指導者の方が対応能力はあると思います。先例にこだわらず創造的に新しい解決策を生み出していかなくてはならないからです。

また政府は、早くから県や市の現場チームに対応を任せ、自律的に早い作戦行動ができるように支援すべきでした。コントロールをしようとしても政府は資金を出さず、人材もなく、有効な支援もできないのでは信頼を得ることはできません。

人類は今危機に直面しています。スペイン風邪やＳＡＲＳ／ＭＥＲＳの経験を踏まえ、大きいスケールの世界観や歴史観を持った教養のあるグローバルリーダーが求められています。今の政治家や官僚は私利、私欲を捨てることはなく、省庁や党の利益を考えながら保身をしている印象です。人類の幸福、貧しい家庭の福祉の向上、多くの国民の置かれた厳しい状況に対する共感と理解などは、恵まれた異質な職業政治家の家庭では育むことはできないでしょう。また全てに正解がある教育を受け、賢く生きてきた官僚たちには、未知の世界を切り開いていく能力はなさそうです。

アフリカ・ボツワナ出身のミス・ユニバースとの記者会見。若者のHIV感染予防活動に参加。

東アジアにおける日本軍の侵略、日本が敗戦しアメリカに占領されたこと、朝鮮半島や台湾を日本の植民地として統治していたことなど、もっと謙虚に歴史を学び、東アジアの人々がどのように歴史を理解しているのか、どんな怨念をいまだに抱いているのかなどについて理性と共感を持って考えてみることも大切です。そうして初めて、アジアにおける日本のリーダーとしての役割が認められ、人類の幸福や福祉を追求する共通の目標に向かって、地域の協力を促進することが可能になると思います。日本人は間違いを起こしたこともありますが多くの場合、叡智を持って困難に立ち向かい危機を乗り越えてきました。私は日本の将来に希望を持っています。次の世代の有能な若者たちに日本の将来を託したいと思います。

あとがき

この本を書いていた時、新型コロナウイルスが世界中で蔓延してしまいました。私たちの生活環境が突然変わってしまい、不安な毎日を過ごすことになりました。人類の歴史はウイルスや細菌との共存の歴史です。新しいチャレンジに向かって人間はまた、科学の知恵を絞ってワクチンや薬品の研究や製造に立ち向かっています。今回のウイルスは人間の弱みにつけ込んだ手強いウイルスですが、撲滅できなくても、なんとか蔓延をコントロールして共存できるものと確信しています。

世界各国は内向きになって外国人を入れない国も多く出ましたが、日本は世界各国とつながりを持って貿易や海外投資をしなくては繁栄を確保できません。日本はGlobal Japanの道を歩き、日本人はグローバルリーダーを育てていかなくてはなりません。将来のポスト・コロナウイルスの世界を頭に入れて、新しい時代に期待されるリーダーの人間像について私の考えを書いてみました。これから世界で社会貢献しようとしているみなさんの参考になれば幸いです。

今は耐える時です。また忍耐力が試される時です。こんな困難な時でも人への親切と配慮がある行動が求められています。希望を持って創造力を働かせ、困難な問題を解決していきましょう。必ず人類の叡智は我々の命を救ってくれるでしょう。

私の人生も晩年になり、次の世代に私たちの経験と生きる知恵を残したいと思い、本の執筆にチャレンジしました。スマートフォンでのコミュニケーションが主流の世の中ですが、私は言葉の力を信じています。書くことによって自分の考えを整理する機会を与えられました。また書くことは大変な作業ですが、また創造的な行為であり、喜びでもありました。これからみなさんにグローバルな世界で良きリーダーになってもらいたいという私の願いは伝わると思っています。この本を読んでいただいてありがとうございました。

この本は多くの協力者のおかげで実現しました。みなさまに感謝いたします。特にこの本の出版を引き受けてくれた文芸社のみなさんには大変お世話になりました。

また取材に協力してくれた外務省国際機関人事センターのみなさま、ニューヨークの国連日本代表部のみなさまに感謝します。外務省のチームが一丸となって世界各地で日本人採用に努力なさっているのを強く感じました。今の若者は恵まれていると思います。ニューヨークでは、お忙しい国連軍縮担当事務次長の中満泉さんにお会いできて大変光栄でした。さすがに魅力的な素晴らしいグローバルリーダーでした。以前ユニセフにＪＰＯ派遣制度で入り、その後長い間、国連世界食糧農業機関ニューヨーク事務所長をしていらした友人からは、国連事務総長のリーダーシップや国連の最近の動向を話してもらい、改装された国連ビルを案内してもらいました。

国連人口基金の昔の同僚で、コミュニケーション・戦略的パートナーシップ担当局長のアーサー・エルケン（Arthur Erken）氏からは、彼の生い立ちと国連人口基金に入る前の経験を聞かせてもらい、第七章で紹介させていただきました。国連人口基金の新しい指導者にもお会いできました。ユニセフと国連人口基金で同僚だった友人からは国連や国連人口基金の現状について教えてもらいました。人事でデータ分析をなさっていた日本人職員からは国連人口基金の人材開発のお話を聞くことができました。自宅でお話を聞かせていただいた元国連人口基金の同僚たちからは、研究者や医師、それに国連人口基金での経験などを聞かせてもらいました。一緒に働いていた時には個人的なことを聞く機会がなく、知らなかったことが多かったので、彼女たちの学歴、経歴と能力がどのように国連人口基金のキャリアにつながったのかをよく理解することができました。

ユニセフの人事部の方とお話ができて本当に良かったです。私の質問に素直に答えてくれました。ユニセフでは大変有能な人たちが人事を担当しているのがよく分かりました。私は二六年間ユニセフで働きましたが、現在多くの日本人の後輩たちが世界各地で活躍しているのを知り、嬉しかったです。ユニセフではポリオ撲滅のために世界の資金を動員して活躍している日本人女性職員にお会いできました。子育てをしながら世界各地で働き、積極的に国連でのキャリアを積んできて、今はユニセフ本部で各国から来ているスタッフをリードして大事な仕事をしていました。ユニセフでは女性職員から彼女の生い立ち、インドやベトナムの国連人口基金で働いた経験や今のユニセフでの仕事などのお話を聞くことができました。

バンコクでは大使館のみなさまにお世話になりました。日本政府の国連アジア太平洋経済社会委員会（ＥＳＣＡＰ）常駐代表部の方たちは流石に国連のことをよくご存じでした。バンコク駐在の国連機関の日本人職員のキャリアを熱心にサポートしていました。また国連職員との勉強会にも参加させていただきました。

国連人口基金では、アジアパシフィック地域事務所の方たちが私の質問にざっくばらんに答えてくれました。所長とは国連人口基金の本部で一緒に働いた仲間でした。彼はスウェーデンのＪＰＯとして国連に入り、私が勤務していた時は本部の官房長をやっていました。国連人口基金の地域アドバイザーの女性専門家たちにも会って、彼らのお話を聞きました。ジェンダーと人権担当や保健政策とアドボカシー担当の専門家たち、それに私を覚えていてくださった中央アジア出身のスタッフとも会いました。

現在UN Womenのアジアパシフィック地域事務所で活躍している日本人スタッフからは、彼女の生い立ちや国連の仕事に対する彼女の考えをお聞きし、この本の参考になるアイデアをいただきました。国連アジア太平洋経済社会委員会でジェンダーや障害者支援の分野で精力的に活動している女性からは、国連で働くようになったきっかけやアジアパシフィック地域での障害者支援団体とのネットワークなどのお話を聞くことができました。国連環境計画（UN Environment Programme）では、長い間環境問題に携わっていた日本人職員にお会いできました。またバンコクでは、以前ユニセフの本部で働いていた友人ともお会いしました。豊富な経験と人脈を持ち、私が会った多くの人たちのことをよく知っていて、興味深いお話に時間が経つのを忘れました。

ユニセフでは平林国彦さんから彼の生い立ちや経験などをお聞きし、この本を書く材料を提供していただきました。ありがとうございました。心臓外科医でしたが、ボリビア、インドネシア、アフガニスタンなどでジャイカの仕事をした後、ユニセフのアフガニスタンやレバノンで働くようになったそうです。その後、東京事務所やインドで働き、現在はユニセフの東アジアパシフィック地域の保健分野でリーダーシップを発揮していました。

東京では取材旅行の前に国連開発計画の駐日事務所とユニセフの東京事務所を訪問して、国連開発計画とユニセフの本部、それにバンコクのアジアパシフィック地域事務所の様子や日本人職員の状況などをお聞きしました。国連人口基金東京事務所からは国連人口基金本部やバンコクで会うべき人についての情報をいただきました。国連開発計画で長く勤め本部管理局長をおやりになった友人からは生い立ちや各国での経験などをお聞きしました。またユニセフ時代からの友人で国連開発計画の政策局長をなさっていた友人とご主人からは生い立ちや、国連や各国での国際協力の経験のお話が聞けました。関西学院大学でお世話になった村田俊一先生には、バンコクで会うべき人について推薦をいただきました。村田さんは国連アジア太平洋経済社会委員会事務局次長をなさっていたのでバンコクの国連職員のことをよくご存じで助かりました。

東京では赤阪清隆元国連事務次長のお話を聞く機会が多く、興味のあるテーマを共有しているので大変勉強になりました。赤阪大使は国連の広報担当事務次長や経済協力開発機構（ＯＥＣＤ）などで要職を務めていた経験があり、私が考えているグローバルリーダーのモデルのような方で尊敬しています。

以上の他にも多くの方にお会いし、またお話を聞いて考えながら本の執筆をしました。この本に書かれていることは全て私自身の考えや解釈ですので、そのつもりで読んでください。ではみなさまのこれからのグローバルリーダーとしての活躍に期待しています。

著者プロフィール

和氣 邦夫（わき くにお）

1943年川崎市で生まれる
東京で育ち、都立西高校を卒業
アメリカのグリネル・カレッジ卒業（政治学専攻）、ピッツバーグ大学大学院修士（経済社会開発専攻）
(社)海外コンサルティング企業協会勤務、その間海外技術協力事業団より専門家としてインドネシアと中東に派遣される
ユニセフに26年間勤務し、インド、バングラデシュ、ニューヨーク本部などに赴任、バンコクの東アジア地域事務所次長、パキスタン、ナイジェリア、東京では事務所長を歴任
国連開発計画本部にあるUN Development Group Officeの事務次長として国連改革の仕事に従事
国連人口基金、事務局次長としてニューヨーク本部に7年間勤務し、世界各国を訪問
退官後は関西学院大学総合政策学部客員教授としてMDGsやSDGs、それに加えグローバル・リーダーシップやマネージメントについて教える
グリネル・カレッジより名誉博士号と同窓会賞を受ける
現在TAKUMI and associates Senior Consultant、ライター

著書：『ユニセフではたらこう』白水社　2008年
　　　『ユニセフの現場から』白水社　2012年

今、求められる真のグローバルリーダー
ポスト・新型コロナウイルス時代の改革者になろう！

2020年11月15日　初版第1刷発行

著　者　和氣 邦夫
発行者　瓜谷 綱延
発行所　株式会社文芸社
〒160-0022　東京都新宿区新宿1－10－1
電話　03-5369-3060（代表）
03-5369-2299（販売）

印刷所　株式会社フクイン

ISBN978-4-286-21981-3